いりぐちはこちら

いりぐちはこちら

いわいさんちへ
ようこそ!

いわいさんちへようこそ！

岩井俊雄

はじめに

みなさんはじめまして！　わが家へようこそ！

さっき窓から手を振っていたのは、ロカちゃん。うちの大事な一人娘です。今は5才、幼稚園の年長さんです。わが家は僕と奥さんとロカちゃんの三人暮らし。2年前に東京の三鷹に引っ越してきました。

これからみなさんにご紹介するのは、僕がロカちゃんと一緒に考えたおもちゃや新しい遊びです。ご覧になったら、なんて子育て熱心なお父さん！と思われるかもしれません。

でも、僕がこれを始めたのは子供のためというより、父親としての自信がなかったからなのです。実は、ロカちゃんが2才をすぎる頃まで、僕はどう彼女と接していいのかよくわかりませんでした。時々遊んであげてはいても、おっぱいをあげたり、おむつを替えたりして、まさに育てている母親に比べて、父親の存在はとても希薄な気がしていました。さらに仕事が忙しくなれば、ますますロカちゃんとの時間はなくなっていきま

す。そうなると、時々おもちゃを買ってくれるただのおじさん？　こりゃまずい……そう感じて、何か父親として魅力あるところをロカちゃんに見せたいな、と真剣に考えるようになりました。それで始めたのが、手作りのおもちゃや、オリジナルの遊びを作ることだったのです。

でも最初はなかなかうまくいきませんでした。ロカちゃんの目の前で動物などの絵を描いても、すぐに興味が移って他の遊びを始めてしまいます。そりゃそうです。ただの絵よりも、売られている絵本やおもちゃやアニメのほうが子供にとってはずっと面白いのです。父親が自分のために描いてくれた、なんてありがたがってはくれません。

でもいろいろ試すうち、あるときから急にロカちゃんが喜んでくれるものができるようになりました。そうなると僕もうれしくて、さらにがんばります。それを繰り返すうち、僕も自信がついて、ロカちゃんとの遊びがとても大切な時間になりました。この本には、こうして、この2、3年の間、試行錯誤して作ってきたものがたくさん詰まっています。

今ではすっかりわが家の宝物になった、僕とロカちゃんのひそかな楽しみをぜひご覧ください。

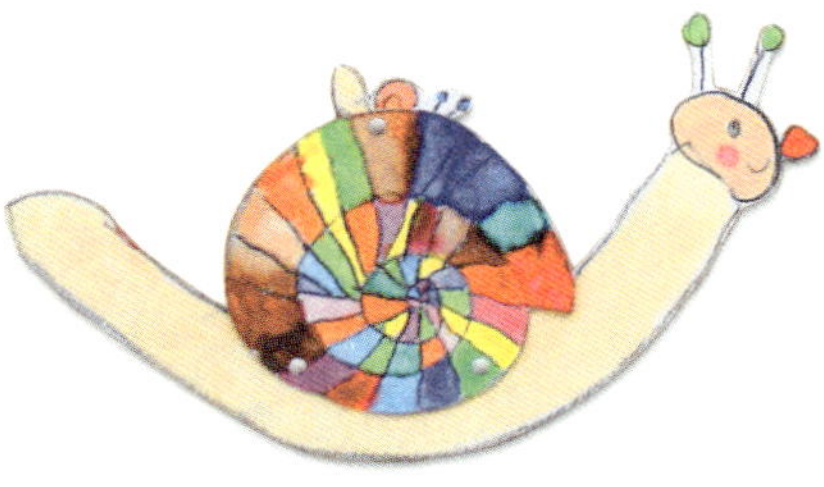

もくじ

リベットくん

これはわが家一番のヒット作、「リベットくん」と呼んでいるボール紙の人形です。手足を動かして、ポーズを変えて遊べます。何か喜ぶものを作ってあげられないか、と悩んでいた時に、自分は小さい頃動くものが好きだったなあ……と思い出して、はっとひらめきました。家にころがっていたお菓子の箱にカンガルーとコアラの絵を描いて切り抜き、手足をタコ糸でつないで動かせるようにしてみたら、それまで絵を描いてもあまり喜ばなかったロカちゃんの目が急に輝いたのです。やった！これはいける！と、翌日すぐに材料を買いに行き、ロカちゃんと一緒にいろいろなものを作り始めました。

リベットくんを始めたのは、ロカちゃんが2才の終わり頃。ふたりで夢中になって、半年ほど経って気がついたら、箱いっぱいのリベットくんが出来ていました。

一番最初に作ったカンガルーとコアラの人形です。最初は関節をタコ糸でつないだのですが、ぐらぐらするので東急ハンズで何かないか探したら、「足割リベット」というのが見つかりました。
昔懐かしい「割りピン」ですね。

翌日「パパが何でも作ってあげる。何作って欲しい？」と聞くと返ってきた答えは「ペンギン！」
そして出来たのが水色のペンギンとペンギンの王様です。リクエストしたものが魔法のように
すぐ出来上がるので、ロカちゃんは大喜び。僕も鼻高々、父親の株も急上昇です。

次のリクエストが「カギ！」でした。何でペンギンの次が鍵なのか……子供の発想は面白いなあ、と思いながら鍵を作っているうちに、王様が宝箱の鍵をなくして水色のペンギンに探すように命令する、というストーリーが浮かんできました。「宝箱の中には何が入ってるかな？」「カード！」……カード!?　面白すぎる……夢中になって遊びました。

ロカちゃんの思いつくままに作った動物たちです。

1匹出来るたびにまたまたお話が広がります。

ライオンはまゆげの向きを変えると、悲しい表情にもなり、ライオンのくせに気が弱い性格ということになりました。

こんな風に、2つの人形を組み合わせたり、アニメーションのような動きをつけるのも自由自在。

ゾウさんが鼻から噴き出す水は、
鼻の後ろにちょうど隠れるようになってます。

リベットくんの裏側はこんな感じです。

「あっ、ネズミさんがチーズを持っていっちゃったよ！」「子供たち、おなかすいてるんじゃない？」
そんな会話をして遊びます。

平面的なリベットくんも、部屋のあちこちに置くと、
とても立体的に遊べます。

お気に入りのセーターを着ているロカちゃんと、バスローブを着たおふろあがりのロカちゃん。

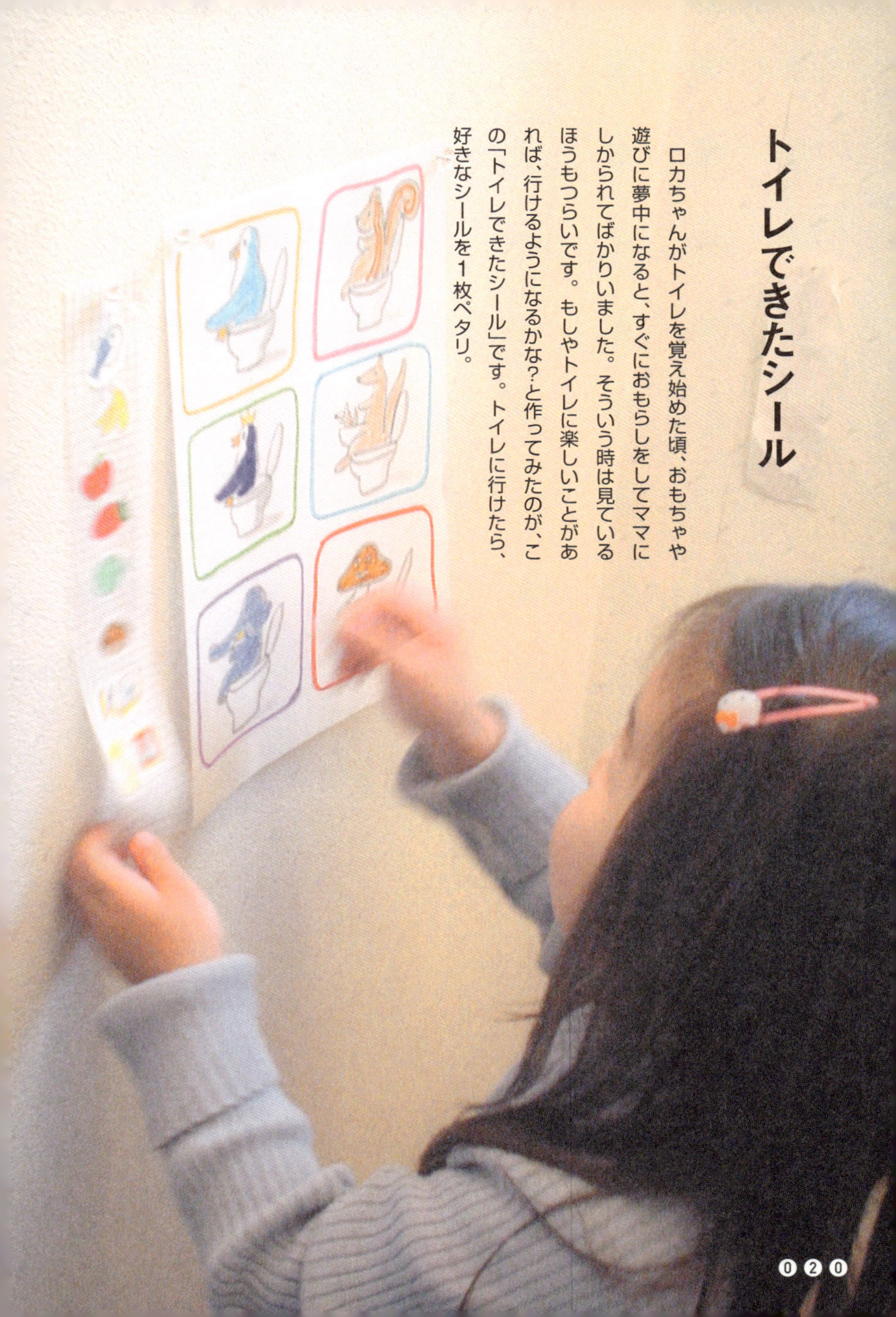

トイレできたシール

ロカちゃんがトイレを覚え始めた頃、おもちゃや遊びに夢中になると、すぐにおもらしをしてママにしかられてばかりいました。そういう時は見ているほうもつらいです。もしやトイレに楽しいことがあれば、行けるようになるかな?と作ってみたのが、この「トイレできたシール」です。トイレに行けたら、好きなシールを1枚ペタリ。

おもらしせずにちゃんと行けたら、左側のシールを１枚はがして、動物たちの上に貼ることができます。
ただ貼るのではなくて、何を誰にあげるか、楽しみながら貼れるようにするのが、こちらの工夫のしどころ。

次は船の絵の上に、動物や魚などのシールを貼れるようにしてみました。船の上と海と空と、それぞれの場所にふさわしいシールを考えさせるのがねらいです。

こちらは大きな木の絵を台紙にしたヴァージョン。鳥や虫やフルーツのシールを貼っていきます。

キノコちゃんの三角くじ

シール作戦は大成功だったものの、そんなすぐにおもらしが直るわけではありません。こちらも手を変え品を変え、次のアイデアをひねり出します。トイレに行く楽しみがもっと大きくなるようにと、三角くじを思いつきました。トイレに行けたら箱の中の三角くじを1つ引けます。くじで何が当たるか、大人だってワクワクするので効果絶大。

キノコちゃん

エッセイ 1

いつでもどこでも

小さな子供はいつでもどこでもわがまま放題です。おなかがすいたり、眠くなったり、もらしたり。そのたびに親はあたふた、少しくらいは我慢してくれ!!と思っても、無理に我慢させれば、容赦なく大泣きで反撃されます。こうした子供を見ていると、僕たち大人は普段どれだけ自分の感情を抑えているか、と気づかされます。大人はわがまま放題からスタートして、徐々に我慢や分別、配慮といったことを学んでいくんですね。それが大人になることなんだなあ、とつくづく思います。でも難しいですね。自分の子供に対して、しつけはしっかりしなくちゃ、と思う反面、伸び伸び育って欲しいとも思うのです。

子供は、食べたり寝たりといった生理的欲求以外に、遊ぶことにも、ものすごく貪欲です。とにかく退屈が大嫌いなのです。口カ

ちゃんを見ていると、食欲などと同じレベルで「遊び欲」とでもいうものがあるというのが、はっきりわかります。

そして、その「遊び欲」をどう満たしてあげるか、というのも親にとって大きな問題です。家にいる時は、おもちゃや絵本、テレビなどが役に立ちますが、外に出かけている時、レストランでも電車の中でも、子供は急に退屈し始め、遊んでー!と言い出します。1つ2つ小さいおもちゃを持って出てもすぐに飽きられてしまってアウト。そんな時、どうするか?

僕の場合は、ロカちゃんとお出かけする時には、カバンに紙や色鉛筆、時にはハサミやホッチキスを忍ばせておいて、どこでも一緒に絵を描いたり、簡単な紙工作をして遊べる用意をしておきます。おなかがすいたー、と言われた時に母親がさっとおっぱいをあげたり、お菓子を取り出すように、父親としては魔法のようにさっと目の前で子供が喜ぶおもちゃを作ってみせたい。時には何の準備もなくて、レストランの紙ナプキンやハシ袋でなんとか切り抜けることもあるのですが。

どっちがへん？

デパートでママが買い物をしている間、ふたりで階段脇のベンチで待っているうちに思いついた遊び。カード2枚にちょっと違った絵を描いて、「どっちがへん〜♪どっちがへん〜♪どっちがへんへんへん〜♪」と歌いながら、ピッと両方のカードを出し、どっちの絵が変かを当てさせます。歌のノリがいいせいか、答えがわかった後でも、何度やっても喜びます。

どっちがへん？

どっちがへん？

どこでも作ります

どこでも何かを作って遊べるように、出かける時は、紙や色鉛筆、ハサミなどを持っていくようにしています。これは焼肉屋さんの個室で紙の人形を作って遊んでいるところ。あまり楽しそうにやっているので、何をしてるのかお店の人が不思議そうです。

お花見に行く時も念のため、紙や色鉛筆を持っていく変な家族です。
桜の花を絵に添えて写真をパチリ。

いろいろな場所で作ったもの

必要に迫られて、いろんな所で作ったおもちゃ。今ではペンが1本あれば、紙コップや紙ナプキン、ハシ袋など、その場にあるものを利用して、子供が喜ぶものを作れる自信がつきました。

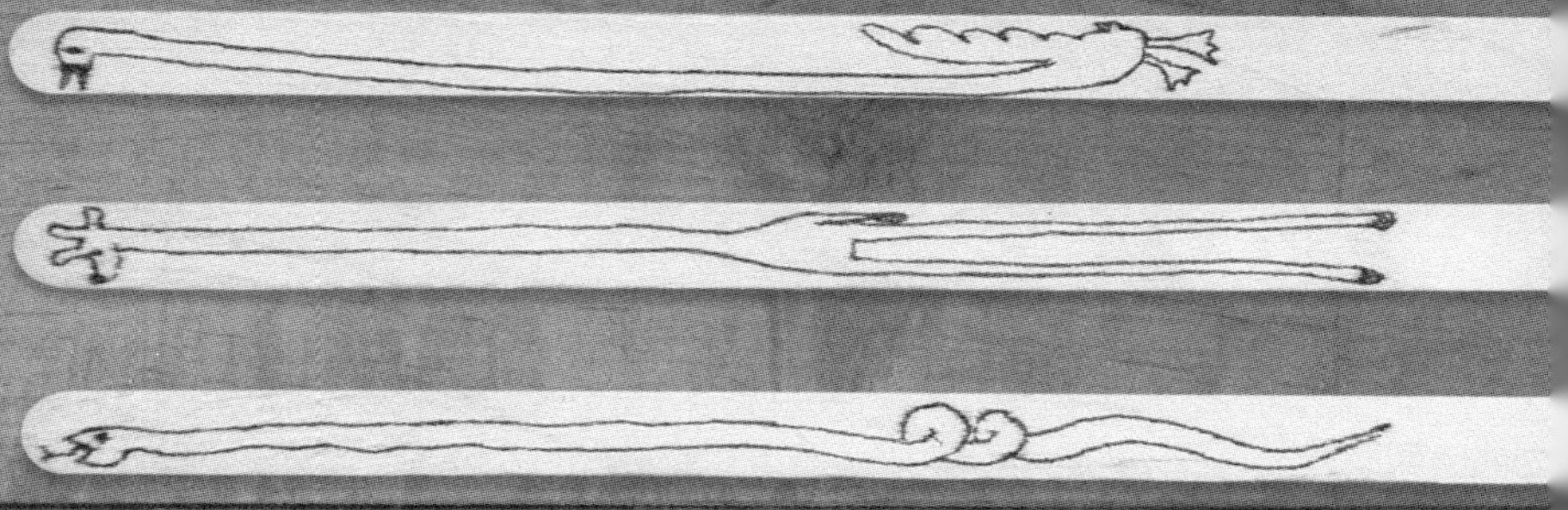

和食屋さんのハシ袋で作った船です。
ちょっと工夫するとハシ袋もおもちゃに早替わり。

カバンの中にカードサイズの紙を入れておくと、ちょっとしたおもちゃを作るのに便利です。
これはカフェで作った、ロカちゃんトレイン。
紙をつなげるためのセロテープはカフェのおねえさんに貸してもらいました。

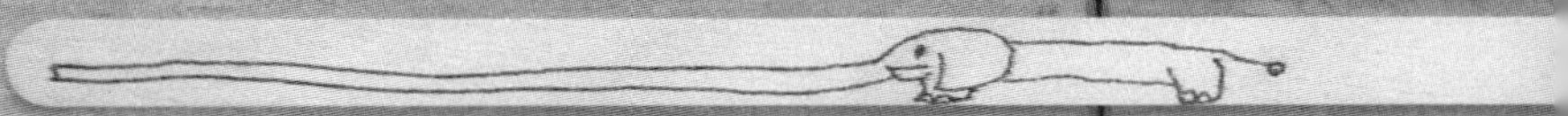

スターバックスで、コーヒーをかきまぜる棒に絵を描いたもの。

絵の一部だけが見えるように指で隠して、裏表くるくる回し「これなーんだ?」と当てさせます。

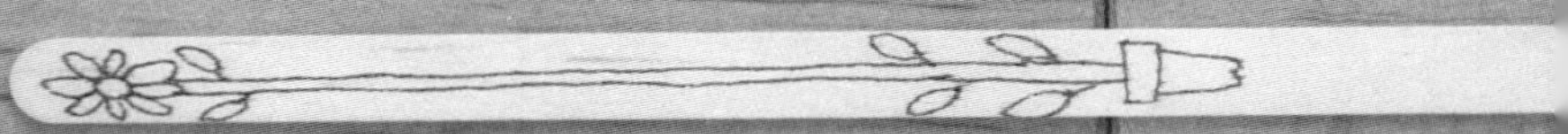

ちょっとずつお絵かき

ロカちゃんが3才になったばかりの頃に思いついたお絵かき遊び。最後に何が出来上がるかは内緒にして、絵かき歌のように、こちらが描く形を同じように真似させます。すると最後になんとも面白いこちらの絵のコピーが出来上がります。まだうまく絵を描けない、この年齢の時にしかできない遊びではないでしょうか。今では大事な記録です。

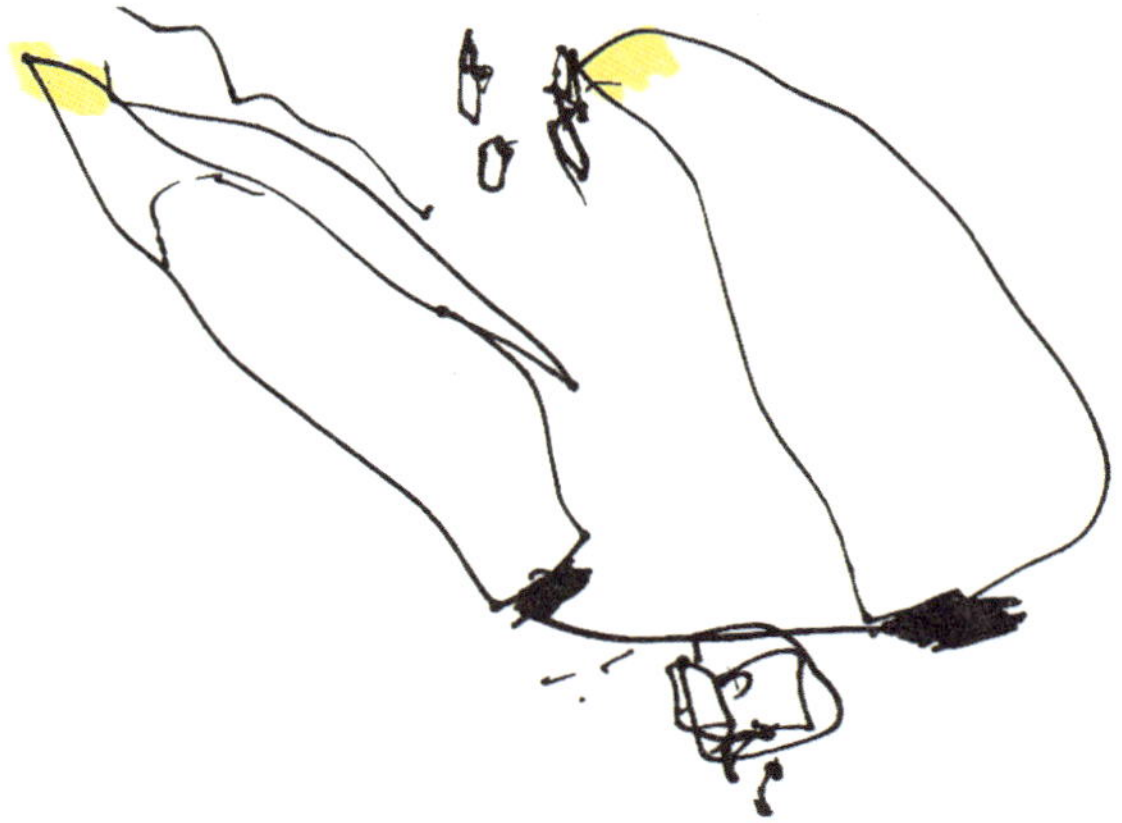

当時住んでいたマンションにアゲハチョウが飛んできたので
ロカちゃんを呼んで、一緒にスケッチをしてみました。
そして結果はこの通り。子供の絵にはかなわない！と内心愕然としたのでした。

おふろで おはなし遊び

湯冷めをしないように、子供を長くおふろに入れるのは大変です。そこで、湯船につかりながら遊べる、おふろのおもちゃを考えました。食器棚のお皿の下などに敷く柔らかいシートにマジックで絵を描いて切り抜いただけのものですが、水をつければおふろの壁にピタリと貼り付きます。おふろを海に見立てて、船に乗ったペンギンさんたちがクジラに出会ったり、ザバーッとお湯から出てきたイカに襲われたり。そんなお話をしながら遊んでいると、すっかり体はポカポカ。

こちらは顔のパーツをバラバラにした雪だるま。福笑いのように変な顔にして遊べます。

さらにリベットくん

いろいろなアイデアを思いついて、リベットくんもだんだんバリエーションが増えていきました。
動物たちの赤ちゃんを作って欲しいと言われて、ヤギさんやキツネさんの子供を作りました。
やはり母親の次は子供。残念ながら父親はリクエストされないのです！

「カメさんのママと赤ちゃんがおねんねしています」

「あーよく寝た。さあお散歩にでかけましょう」

「ママ、僕たち疲れちゃった」
「しかたないわね、
じゃあママの背中にお乗りなさい」
「わーい」
こんな風にふたりで
お話ししながら遊びます。

一度ガチャポンを教えたら、出かけるたびにやりたがるので、これは困ったとリベットくんでガチャポンを作りました。本物の真似をして、100円玉を入れてダイヤルをくるりと回し、カプセルを取り出します。

カプセルの中身はこの通り。
こんな単純なものでも、何度も何度も遊んでくれるので、こちらも作りがいがあるのです。

「リスさんは、おいしそうなドングリを見つけました。食べようと思ってドングリの帽子を取ると……」

「中から小さな虫が出てきて『これはボクのおうちだよ！』と言いました。
リスさんは、ドングリを食べずにそっと地面に置きました」

キノコちゃんのお話もロカちゃんのお気に入りです。「キノコちゃんは、アイスクリーム屋さんです。いろんなアイスクリームを車に積んで『チリンチリン、キノコちゃんのアイスクリーム屋さんだよー』とベルを鳴らしながら売り歩きます。すると動物たちが買いに来ます」

「いちご味、メロン味、バナナ味。キノコちゃんのアイスは動物たちに大人気です。でもキノコちゃんが大好きなキノコ味のアイスだけはいつも売れ残ってしまいます。『どうしてこれだけ売れないんだろう……』キノコちゃんはいつも不思議に思いながら帰るのでした」

キノコちゃんのお財布です。アイスは１つ50円。２つ買った時は100円。
10円玉も使えるよ。わかるかな？

キノコちゃんは、実はキノコ王国の王子さま。パパはキノコの王様です。
キノコちゃんがアイス屋さんを始めたのは、ペンギンさんのうちで初めて食べたアイスに感激したから。
ペンギンさんとキノコちゃんが初めて出会うお話もあります。

ペンギンさんが植木鉢にジョウロで水をあげると……
（ジョウロの水は、ジョウロの裏にちょうど隠れるようになっています。）

芽が出て、伸びて……最後は花が咲きます！

花はだんだん伸ばせるように、リベットでくるりと回せる仕掛け。

円盤を回すと、窓の外の風景がくるくる変わるおうちです。
動物たちがこの家にお泊まりに来て、夜になると流れ星にお願いをするのです。

そのうち動物や道具だけでなく部屋全体を作ってみたくなりました。
これはペンギンの赤ちゃんのベッドルーム。

ペンギンさんちのバスルームです。シャワーなど、あちこち動かせるようになってます。

おもちゃ屋さんに、玉を動かして数を覚える幼児用の玩具がよく売られています。
それを真似して、風船を数えるものを作ってみました。

エッセイ 2

家を建てる

2年前まで、豊島区の賃貸マンションに住んでいました。地下鉄で池袋から非常に近く、その割には静かでよいところだったのですが、ロカちゃんが大きくなるにつれ、環境のことが気になり始めました。

周囲にはたいした公園もなく、家の中で遊ぶのがほとんどでした。もともと僕自身は田舎出身で、海や山にすぐ遊びに行ける環境で育ったので、子供はもっと自然がある場所で育たなきゃ、と思っていました。家が子供の物でどんどん狭くなってきていたこともあり、ロカちゃんが幼稚園に入る頃までには引っ越そう、と決めました。

最初は、マンションや中古の一軒家を買うことを考えたのですが、そのうち、"どうせなら新しい家を建てよう!"と一大決心をしました。というのも、実は奥さんの父親は大工で、彼女は子供の頃から父親に家を建ててもらうのが夢だったのですが、その父親の年齢から言っ

てもそろそろ最後のチャンスだったのです。

土地探しが始まりました。自然があるところ、といっても、仕事のことを考えるといきなり田舎暮らしは無理です。東京で都会と自然とが共存する場所をいろいろ探すうちに、井の頭公園の近くに理想的な土地が見つかりました。ものすごく値段は高かったのですが、その場所は、以前ジブリ美術館の仕事をした帰りに吉祥寺駅に歩く途中、こんなところに家があったらいいなあ、となぜかふと思ったところだったのです。偶然のめぐり合わせにびっくりし、運命を信じて思い切って決めたのでした。

2004年3月、設計をやっている奥さんの兄と僕とでデザインした家がついに完成しました。土地探しから、設計、施工まで長く大変な道のりでしたが、おかげで奥さんの実家との関係や、家族全員の結びつきも強くなりました。

それにしても子供の力はすごいのです。家を建てることなんて、それまで微塵も考えなかった僕に、35年ものローンを組むことを決意させたのですから!

ペンギン一家のお引っ越し

新しい家の壁に小さな飾り棚を作りました。でもその棚に似合うものがなかなか見つかりません。じゃあ作っちゃおう、と棚にピッタリ収まるミニチュアの部屋とペンギンの家族を作ることにしました。置いてみたら、ペンギンたちも新しい家に引っ越して住みついてくれたみたいで、彼らが自分たちの分身のように思えてきました。

立体的にしたかったので、電動糸のこで木を切り抜いて、ちょっと本格的なものにしました。
この部屋は、わが家の子供部屋と同じデザインにしてあります。

黄色いクジラ号

立体的なおもちゃは、平面的なリベットくんとはまた違った遊び方ができます。
木のおもちゃをいろいろ作りたくなりました。
これはペンギンのパパと赤ちゃんがドライブに出かける時の黄色いクジラ型の自動車。

ツムコちゃん

梅雨になって、家のまわりでカタツムリをよく見かけるようになりました。
さっそくカタツムリの親子を糸のこで作ることに。名前はツムコちゃん。
とても気に入っています。いい名前が思いつくと、急に親しみがわいてきますね。

青いイルカ号

家の工事の時に、フローリングの床板がたくさん余ってしまいました。捨てるのはもったいないし、家と同じ木の家具やおもちゃがあったら素敵だなあ、と思い始めて、ロカちゃんの乗り物に挑戦してみました。

木のバギー

余った床板で次に作ったのは、ぬいぐるみを乗せて遊べる木のバギーです。お母さんたちが赤ちゃんを乗せるバギーを、女の子は真似したくてしかたないみたいです。

こっちが
プール
あったかーい
つめたーい
ふたつあります！

地下のプールでお絵かき

わが家には、地下の部屋へ下りる階段の下にちょっとしたスペースがあるのですが、夏はそこがロカちゃんのプールに早変わり！　気分を盛り上げるために、ダンボールで看板を作ります。

SUMMER

ふたりで太陽やカモメの絵を描いて壁に貼りました。
こんな工夫で、ただのビニールプールもグッと楽しくなります。

木のメダル

お菓子の箱についていたきれいなリボンを「捨てるのはもったいないなあ」と見ているうちに、こんなメダルを思いつきました。アイデアはいろいろなところからやってきます。

ロカちゃんが着ているのは、パパ手描きのペンギンの王様Tシャツです。

僕が楽しんでいると、必ずロカちゃんも乗ってきてくれます。
しっかりパパとママにメダルを作ってくれました。

階段サカナつり

ロカちゃんのおともだちがうちに来た時の、一番人気の遊びがこれです。みんなで魚を作って、クリップをつけて、階段の上から磁石をつけたロープで魚釣り大会をします。

子供たちが描く魚はどれもユニーク。
一緒に絵を描くのが楽しみです。

絵を描いたり、切り抜いたり、釣ったり、並べたり、競争したり、
といろいろな要素がこの遊びにはあって飽きません。

エッセイ 3

虫捕りへ行こう

公園の近くに住み始めてから、夢中になった遊びのひとつに虫捕りがあります。「昆虫採集」ではなく単なる「虫捕り」。チョウやトンボ、バッタなど、ごく普通の虫を虫捕り網で捕まえるだけです。捕まえたらいったん虫カゴに入れはしますが、その日のうちに逃がしてしまいます。最初は、公園のグランドにチョウがいっぱい飛んでいるのを見て、ロカちゃんと虫捕りでもして遊ぼうかと、なんとなくホームセンターで虫捕り網と虫カゴを買ってきて始めたのですが、これがなかなか難しく、そしてとても面白いのです。

飛んでいる虫は追いかけ、隠れている虫は目を凝らし、耳をすまして探し出し、そーっと近づきます。時には思いっきり走り、ジャンプし、虫捕り網を振りまわしても、なかなか捕

まらない。くやしくて時間の経つのも忘れてしまいます。虫の種類によって、いる場所や飛び方が違うので、捕まえるのにそれぞれ違った戦略やテクニックが必要なのも面白いところです。チョウは、ヒラヒラと飛ぶ方向が変わるので意外と難しく、トンボは、スーッと飛んできたところをすばやく居合い抜きのように網で捕まえる。バッタは、草むらを歩き回って飛び出させ、着地した草むらにそーっと近づく。子供にとって、こんなに身体感覚全部を使う遊びがあるでしょうか。

夏の夜中には、懐中電灯を持ってセミの幼虫を探しに行きます。よーく探すと地中から出てきたばかりの幼虫が地面を歩いていたり、木を登り始めているのが見つかります。そんな時は本当にドキドキします。捕まえて帰り、拾った枝に止まらせると、最初は落ち着かずに登ったり降りたりしていますが、そのうちピタリと動かなくなって、しばらくすると背中が割れて真っ白いセミが顔を出します。ロカちゃんも、眠いのを一生懸命我慢しながら見ています。

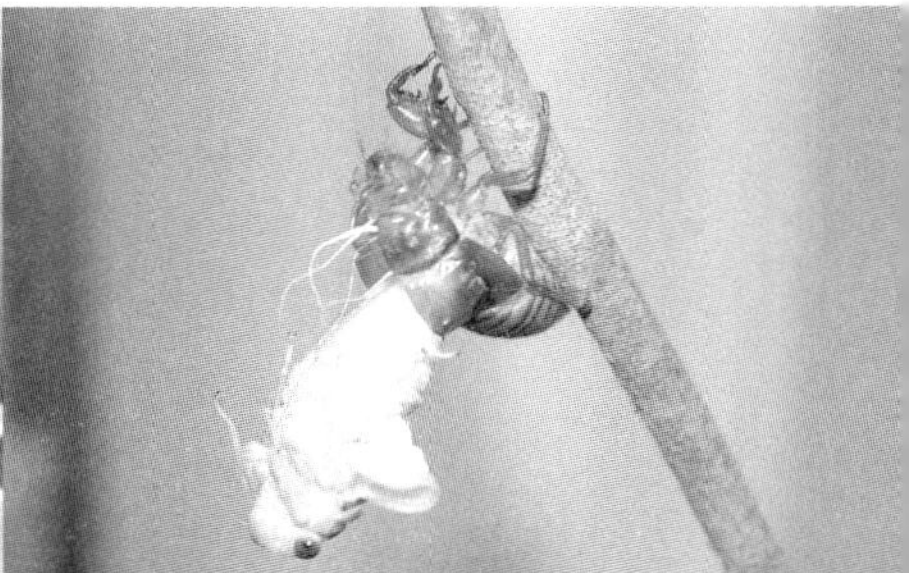

おさかなの壁かざり

僕が何かを作り始めると、面白がってすぐにロカちゃんも真似を始めます。紙を切り抜いて魚を作っていたら、何も教えなくても、僕の魚を白い紙の上に置いて周りをなぞって自分の魚を作り始めたのでびっくりです。子供は勝手にいろいろなワザを身につけていくんですね。

自転車キーホルダー

その昔、オーブントースターで熱すると、縮んでアクセサリが作れるプラ板が流行ったことがあります。近くのホームセンターでそれを見つけた時は、懐かしくて思わず買ってしまい、ロカちゃんと一緒に自転車のキーホルダーにしてみました。子供の絵のキーホルダーを使うたび、親バカはニヤニヤしてしまいます。

キリンの家族

ある時、ロカちゃんがたくさんキリンの絵を描いていました。ロカちゃんいわく「これはキリンのパパ、これはママ、あかちゃん、おにいちゃん、おねえちゃん、おじいちゃん、おばあちゃんだよ！」思わず僕も一緒に描きたくなって、横に葉っぱやアリさんなどを描かせてもらいました。子供の発想は刺激的なのです。

山のおふろ屋さん

ロカちゃんが不思議な絵を描いていたので、これは何？と聞いたら、「山のおふろ屋さんだよ！」との答え。服をぬいではしごを登って、山の上のおふろに入るそうです。面白い!!と僕も同じ絵を描いてみたくなりました。煙突の煙が雲になってお湯のシャワーになっていたり、おふろからすべり降りて脱衣場に戻れるように僕なりのアイデアを追加。大人げないけど張り合ってます。

テントウムシ

草むらで見つけたテントウムシを、一緒にリベットくんで作ろうよ、と誘ってみました。出来上がったものを見て、くやしいけどロカちゃんのほうがずっと個性的でいいなあと思ったのでした。

天井影絵シアター

新しい家の寝室の天井を白くしたので、影絵ができる！と気がついて、寝る前のちょっとした時間の影絵遊びを始めました。白いLEDライトを光源に、ふとんに寝転びながらボール紙で作った人形の影を天井に映し、即興でお話を考えます。でも、興奮してロカちゃんがなかなか寝てくれずに、ママに怒られることもしばしば。

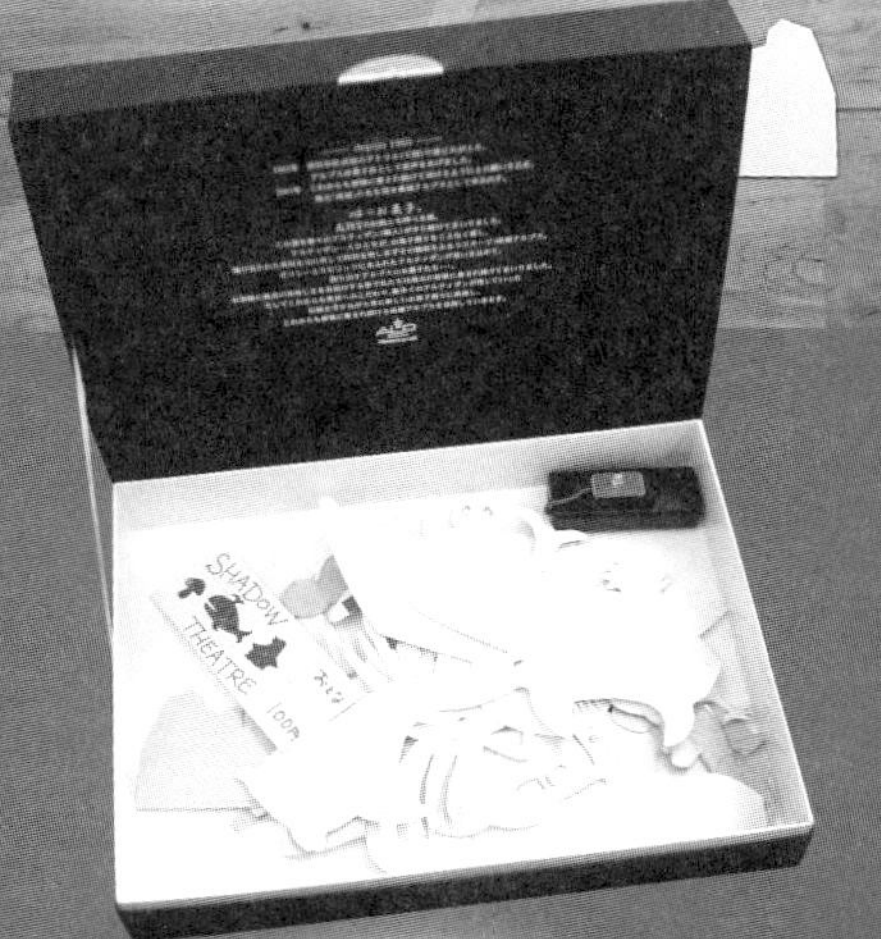

毎晩、影絵の人形を１つか２つ作ります。
新しい人形を加えて、昨日の続きのお話を作るのです。

ロカちゃんが作った影絵の人形です。影絵をまだ
よくわかっていなくて、つい目を描いてしまいます。

ダンボールの船

ダンボール箱は、なるべく捨てずに取っておいて、大きなものを工作するのに使います。ピアノが届いた時の特大のダンボール箱は、船に変身。遊びに来た子供たちにも大人気です。

洗面台とキッチンもつけました。
船の中には子供が3、4人は入れます。

ゴハンの時のセットです。
お皿やナイフ、フォーク、コップをしっかり並べてみんなで仲良くいただきます。

ふたを閉めれば「夜だー」とみんな寝たふり。開ければ「朝だよー」「さあ顔を洗ってゴハン食べよー」とすっかり船でくらしている気分に。時には「嵐がきたぞー！」と船をゆらして盛り上げます。

パンヤのキリンとペンギンさん

実は僕はミシンが大得意です。家のカーテンを自分で作ろうと、ミシンで縫い始めたついでに、こんな人形も作ってしまいました。

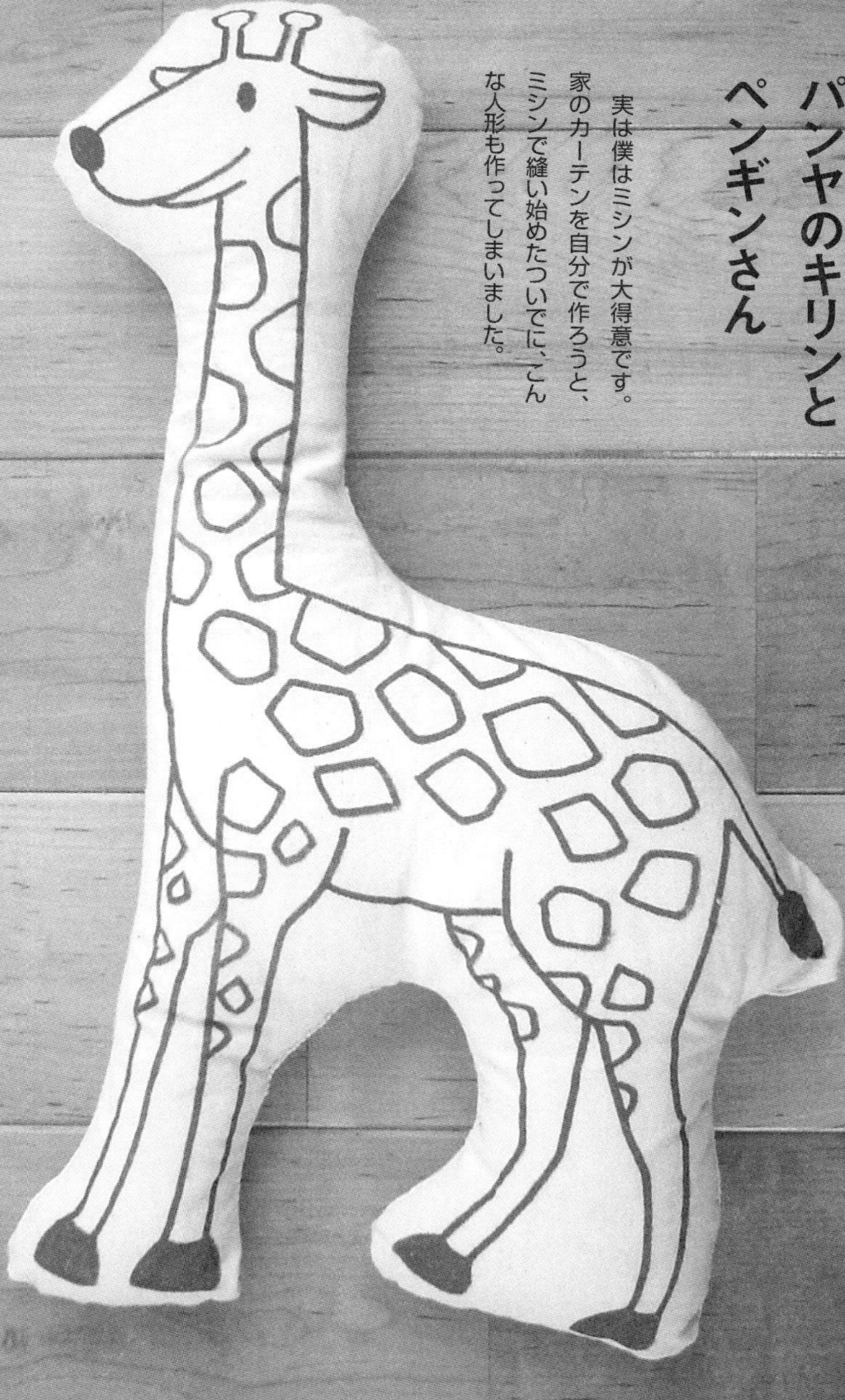

試し縫いなどに使う、「シーチング」という綿100%の安い布があります。
それにポスカで絵を描いてミシンで縫い、中にパンヤをつめました。

沖縄旅行の思い出

はじめて沖縄に家族旅行に行きました。帰ってきてから、あれがよかった、これが楽しかったと話しているうちに、無性にそのことを絵に描いてみたくなりました。ただし、自分たちではなく、わが家の分身のペンギンたちが主人公です。描いてみたら、自分たちの思い出が絵本の中に入ってしまったような不思議な気分になりました。

ホテルの室内プールで泳いでいるところです。ロカちゃんは腕に子供用浮き輪をはめて泳いだので、
絵の中でもペンギンの赤ちゃんが浮き輪をはめています。

海の中が見えるグラスボートに乗ったら、色とりどりのきれいな魚がたくさん見えました。
絵で描くと、写真で撮れないようなアングルも自由自在です。

空想絵日記

ラクガキにちょうどいいノートはないかなーと思っていたところに、100円ショップで絵日記帳を見つけました。上に絵、下に文章という絵日記独特のフォーマットがいい感じです。買って帰って、適当に絵とお話を描いてみたら、1ページだけの絵本みたいになって「パパ読んで！読んで！」とせがまれました。その日から、ペンギンたちを主人公に、半分空想、半分本当の絵日記をつけることに。ロカちゃんの絵に僕が文章をつけたり、同じ出来事をふたりで描いたり、とわが家に急に絵日記ブームがやってきました。

おきたじこく

6月3日 月曜日

天気 はれ

ねたじこく

きょうは、さばくにドライブに
でかけました。さばくを
はしるための ラクダさんの
くるまをかりて、はしりました。
よる、つきがとっても
きれいでした。

温度 2時しらべ（毎日時刻をきめてしらべましょう）

おきたじこく

天気 はれ

5月1日 土曜日

ねたじこく

ペンギンさんとキノコちゃんは
ルビーのげんせきをさがしに
トロッコにのって ちかのトンネル
にはいっていきました。
トンネルのおくにいっかしょだけ
ぼーっとあやしくあかくひかる
ばしょがありました。
ペンギンさんがちゅういしながら
つるはしでほってみると、みたこと
もないおおきなルビーがみつかりました。

温度 時しらべ （毎日時刻をきめてしらべましょう）

C 40 35 30 25 20 15 10 5 0 5 10 15

おきたじこく

天気 はれ

3月17日 水曜日

これはロカちゃんがはつめいしたミッキーのロボットです。

おかおにつながったスイッチをおすとミッキーが「なんですか?」とか「ごはんですか?」「たべたいです」とか「おなかすいた」「おでかけしたーい」とか、なんでもおしゃべりします。

ねたじこく

温度 時しらべ (毎日時刻をきめてしらべましょう)

おきたじこく

5月1日 土曜日

天気 はれ

ねたじこく

ペンギンさんいっかは、じてんしゃをかいました。あたらしいじてんしゃにさっそくのってみようと、みんなでサイクリングにでかけることにしました。ペンギンさんはあかちゃんをうしろにのせて、ママはもうひとつのじてんしゃでスイスイ。ちょっとおくのこうえんへもこれでかんたんにいけるようになりました。

温度 時しらべ（毎日時刻をきめてしらべましょう）

℃ 40 35 30 25 20 15 10 5 0 5 10 15

おきたじこく

5月2日 日曜日

天気 はれ

ねたじこく

きょうペンギンさんたちは、みんなでたねまきをしました。おにわのレンガのすきまにクローバーのたねをまいたのです。おなじところにまきすぎないようにちゅういしながらふくろからちょっとづつまきました。でもあかちゃんは、たねをいっぱいこぼしてしまいました。

温度 時しらべ（毎日時刻をきめてしらべましょう）

おきたじこく

天気 あめのちくもり

8 月 29 日 日 曜日

ねたじこく

おおきなたいふうがちかづいて
なんにちもあめがつづいたあと
きょうはきゅうにあめがあがり
ました。ペンギンさんはおさんぽに
でて、カタツムリを
みつけました。いえに
かえってあかちゃんと
いっしょにおせんべいの
いれものをもってきて
2ひきつかまえ、はっぱをいれて
あげました。

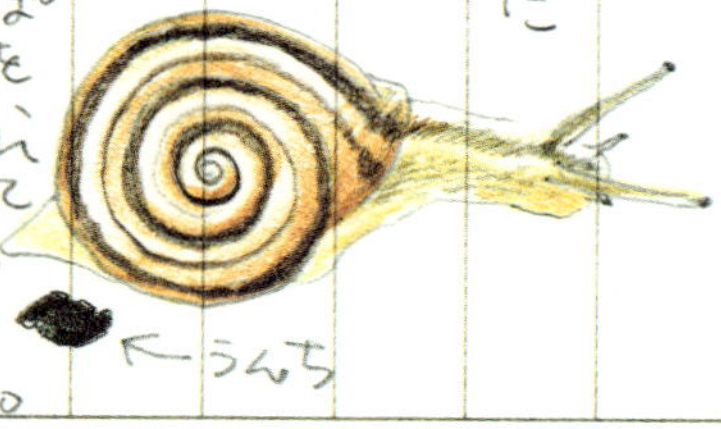

温度 時しらべ（毎日時刻をきめてしらべましょう）

℃ 40 35 30 25 20 15 10 5 0 5 10 15

おきたじこく

天気 くもり

8月30日 月曜日

ねたじこく

2ひきのカタツムりさんたちはとてもげんきでおせんべいのとうめいのいれもののなかをあるきまわっています。ずかんでしらべたら、きのえだをいれるといいです、とかいてあったので、ペンギンさんはカタツムりさんたちをみつけたきのところへいって、おちていたえだをひろっていれてあげました。

温度 時しらべ（毎日時刻をきめてしらべましょう）

C 40 35 30 25 20 15 10 5 0 5 10 15

7月21日 水曜日
天気 はれ
スイカはどんどんおおきく
なって、もう10センチくらいに
なりました。ペンギンさんは
まいあさメジャーでスイカの
おおきさもはかるのがとても
たのしみになりました。
きょうはかったら、きのうから
1センチもおおきくなって
いました。

8月5日 木曜日
天気 はれ
きょうはついにスイカを
しゅうかくしました。スイカは
24センチにもなっていました。
あかちゃんは、ドキドキしながら
ハサミでスイカのくきをきり
ました。あかちゃんひとりでは
もてないくらいおもいスイカを
だいじにキッチンにもっていって
ママにきってもらいました。なかは
まっかでとてもあまくておいしかったです。

ペンギン一家の台湾旅行

絵日記ブームのさなかに、台湾へ旅行をすることになり、無謀にも旅行の一部始終を絵日記にしたくなりました。ロカちゃんと相談して、今回はふたりでリレーのように交互に絵を描いていくことにしました。これまたペンギン一家が身代わりの半分空想の旅行記です。こっちがペンギンなので、台湾の人たちをリスにしたり、乗物や建物をそれに合わせて面白く描いたり、とへんてこな旅行絵日記が出来上がりました。こんな風に小学校の夏休みの日記も、うそを書いていいということにしたら書くほうも読むほうも楽しめそうですね。

おきたじこく

天気 はれ

6月29日 火曜日

ねたじこく

きょうペンギンさんのおうちは、いっかぜんいんでりょこうにでかけるひです。
パパのおしごとで、うみのむこうのタイワンというくににいくのです。あさはみんなはやおきをして、おにわのおはなやおやさいにみずをたっぷりあげてから、とじまりをしっかりして、にもつをもっておうちをでました。

温度 時しらべ (毎日時刻をきめてしらべましょう)

みんなで飛行機に乗り込みました。

ナリタ空港で飛行機のチケットを受け取りました。

飛行機にはたくさんのペンギンさんたちが乗っています。

タイペイの空港では２匹のリスさんが
お迎えに来てくれていました。

飛行機はナリタからタイペイへと向かいます。

ワンちゃんの形をした車で空港からタイチュウの街へと向かいました。

タイチュウのホテルに着きました。
ホテルはドングリの形をしています。

ペンギンの赤ちゃんは、途中乗り物酔いで
気持ち悪くなってしまいました。

ホテルのプールで泳いだあと、ジャグジーで暖まりました。

タピオカ入りミルクティーで有名なお店に行きました。
ダイコンモチもとてもおいしかったです。

タイワンでは、みんなスクーターに乗っています。
子供を前後に乗せた3人乗りのスクーターも見かけました。

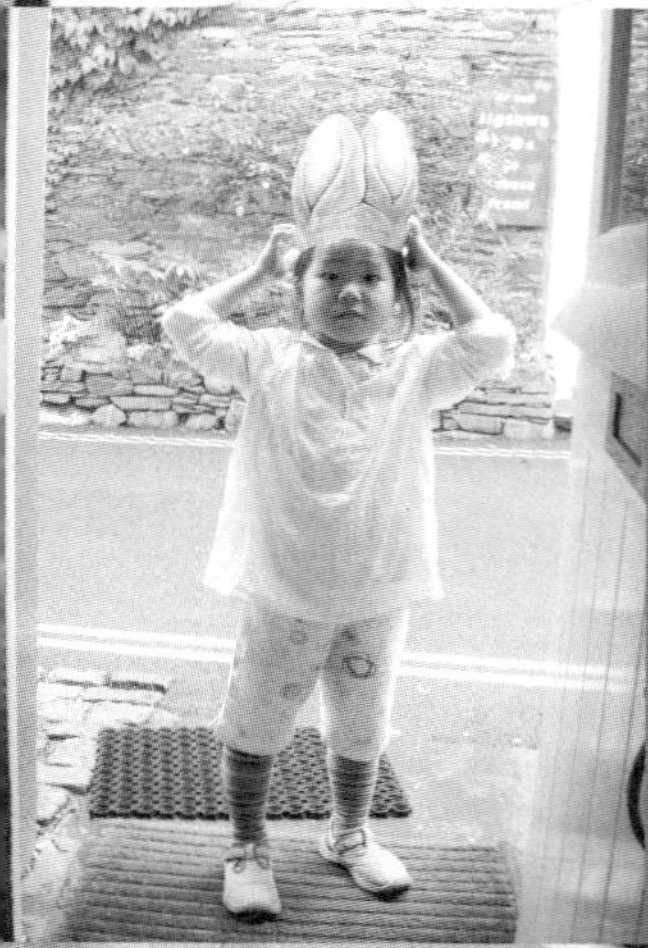

イギリスからの絵葉書

前から行きたかったピーターラビットの故郷、イギリス湖水地方を家族で訪ねました。僕とロカちゃんでそれぞれ日本のおじいちゃんおばあちゃん宛の絵葉書を描いて送りました。帰ったら、おばあちゃんから英語で書かれたハガキが届いて大笑い。

8月16日朝5時半に三鷹の家を
出て成田へ。成田からロンドン
まで約11時間の空の旅です。
ロンドンから飛行機をのりついで
マンチェスターへ。そこで一泊して
翌朝電車で湖水地方の
ウィンダミアという街に着きました。
湖水地方
ウィンダミア
マンチェスター
ロンドン
この部屋です
今泊っているのはこんなホテルです。B&B (Bed & Breakfast)
というイギリスの
民宿です。
とてもきれいな
花でいっぱい
です。
この地方特有の石を
積んでつくったカベです
コケや草花が育って
います
ボウネスという港
には、カモや白鳥
がいっぱい。
人が近づいても
逃げません。
ボートに乗って対岸のソーリー村へ。
のどかにヒツジがくらす
とても美しい
村でした。
04・8・19 from Toshio Iwai with Sakae Roka

Ikuyo Iwai
43p
BY AIR MAIL
par avion
Royal Mail
Hazu-gun Aichi Pref.
444-0521
JAPAN
きらのおじいちゃん、おばあ
ロカちゃんは
トランプをし
ピーターラビッ
です。
いわい
(パパ代筆
To: Hiroshi Iwai
Ikuyo Iwai
Hazu-gun Aichi Pref.
444-0521
JAPAN
From
·HILL TOP·
BEATRIX POTTER'S
HOUSE at SAWREY
岩井博さま 郁代さま
お元気ですか！ 今僕ら3人は
イギリス湖水地方のウィンダミアと
いう町に泊っています。今回の
一番の目的は、僕が高校生の頃
から好きだった絵本のピーターラビット
が描かれた舞台
ソーリー村を訪ねること。
作者のビアトリクス・ポターが
長年住み、ちょうど100年前にたくさんの絵本を
所です。そのあたりの土地を
印税で買ったおかげで
自然が守られています。

ペンギンのママのお料理

女の子の遊びと言えば、おままごと。僕は姉が3人いて、いつもつきあわされました。なので実は女の子の遊びが得意なのです。これはペンギンのママのお料理セットとキッチンです。なかなかツボを心得ていると思うのですが、いかがでしょうか?

こちらはペンギンさんたちの朝食セットです。

わが家で使っているポット
やティーカップなどを
なるべくそっくりに
作ってみました。

現実の生活とおもちゃがリンクしていること——買ってきたおもちゃではできない醍醐味のひとつです。

ママとおやつ作り

ロカちゃんも、最近はママと一緒におやつを作ります。この日は一緒にドーナツを作りました。

ケント紙の帯をホッチキスでとめれば、楽しいドーナツ型の出来上がりです。

光のヴァイオリン

幼稚園のおともだちのお母さんでヴァイオリニストの方がいて、子供たちのために何か一緒にやりたいね、と「光のヴァイオリン」というミニコンサートを企画しました。コンピュータでヴァイオリンの生演奏をその場で光の映像に変えて投影し、音と光を同時に子供たちに楽しんでもらおう、というものです。結果は大成功で、演奏に合わせて光の色が変わったり、形が変わったりするたびに子供たちから歓声が上がり、興奮した子供たちの声で、ヴァイオリンの音がほとんど聞こえなくなってしまったほどでした。

エッセイ4

ハイテクパパの悩み

子供はハイテクなおもちゃや機械が大好きです。特に今のおもちゃにはコンピュータが内蔵され、液晶画面や音声合成機能、センサーまでついて、複雑な動きや反応を見せてくれます。大人が見ても驚くくらいですから、子供が欲しがるのはあたりまえです。

僕も子供の頃、親が買って来たテレビやテープレコーダー、ビデオデッキなどをドキドキしながら触っていました。それが高じて、今ではメディアアーティストを名乗っているくらいのハイテク機械好きです。でも、ロカちゃんが生まれて、幼い頃にはハイテクなおもちゃよりも、紙や木など手触りがちゃんとあるおもちゃで遊ばせたいと思い始めました。いくらおいしくても、ケーキやお菓子だけでは子供は育たない。そ

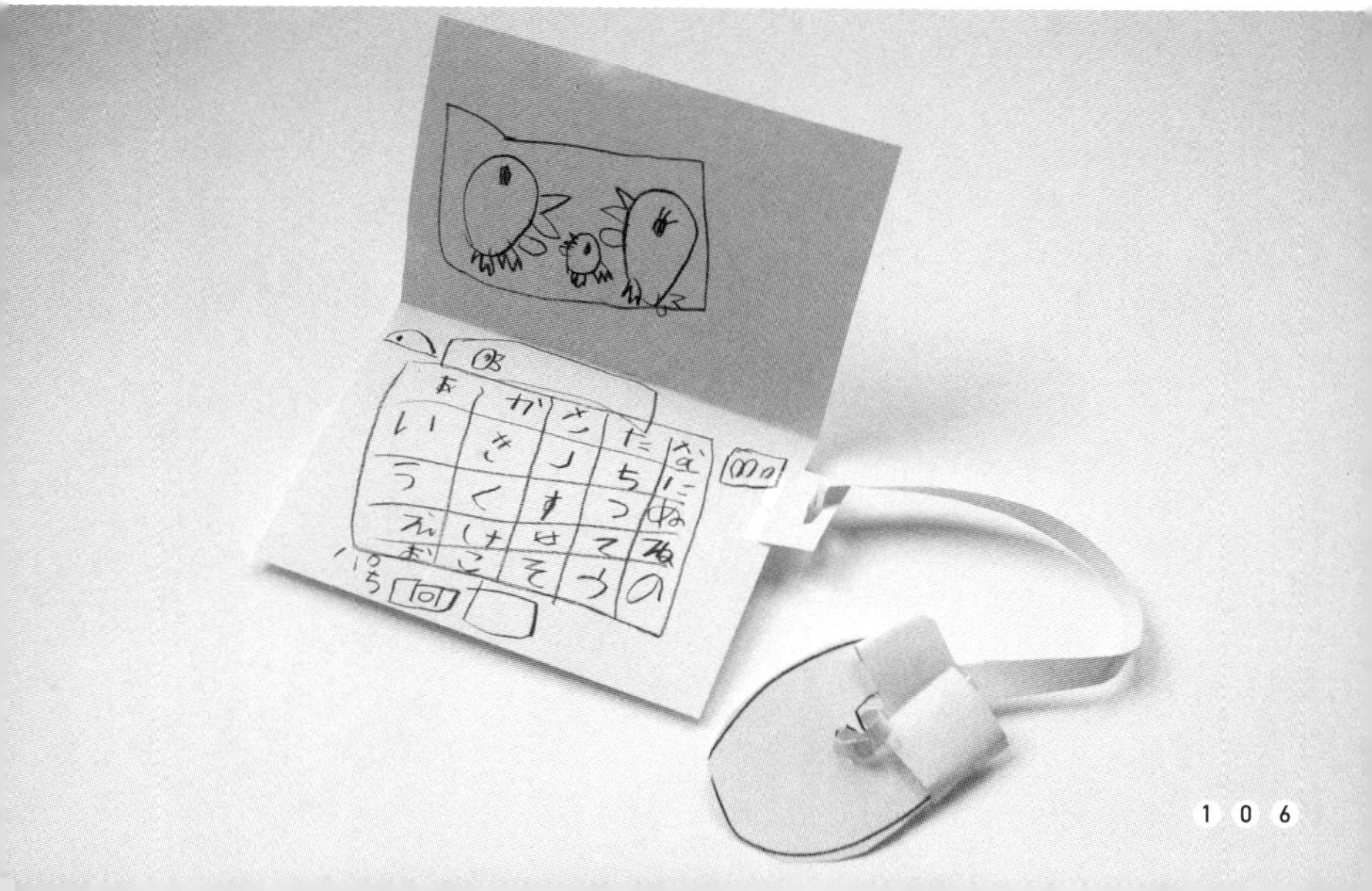

れと同じで、ハイテクなおもちゃは、いくら面白くても、子供が最初に育むべき身体感覚のごく一部しか、まだフォローできていないように思います。

それと僕らの時代は、質素な生活の中にハイテクな機械が入り始めたばかりで、何を見ても驚き、世の中全体が未来へ向かって着実に進んでいるのを、ワクワクしながら感じていました。残念ながら、今の子供たちは、生まれた時から周囲にハイテクや便利な機械がありすぎて、そのことをありがたがったり、驚いたり、不思議に思ったり、といったことが希薄です。ひとつのおもちゃをとことん楽しみ、味わった僕らと違って、モノや情報が多すぎて、新しいおもちゃを与えてもすぐに飽きてしまっているように見えます。本当に難しい時代ですね。

そんな中、ローテクとハイテクのそれぞれの違いや面白さ、良いところと悪いところの両方をしっかりと見極め、子供に胸を張って伝えられるような大人でありたいと思うのです。

うさちゃんくじ

箱の中の景品を、ひもを引っ張って当てるくじです。誰か１人がくじ屋さんの役をやり、他の人が順番にくじを引きます。いいものが当たるとベルを鳴らして「大当たりー！」

最初はぬいぐるみなどをひもにつけていたのですが、ロカちゃんが「中のおもちゃも作ったらもっと楽しいよね！」と言い出したので、その通りだね！と一緒に景品やお金を段ボールで作りました。そんな風に言ってくれるとは感無量です。手作りの面白さをちゃんとわかってくれているようです。

ペンギンさんつうしん

幼稚園で大の仲良しだったおともだちが遠くに引っ越してしまい、ロカちゃんも寂しそう。そこでわが家の出来事を絵物語風に描いて、ファックスで送ることにしました（この本の最後にまとめて載せてあります）。面白がって子供がいる他の友人の家にも送り始めたら、そのうち相手の子供たちからもかわいいファックスが届き始めました。

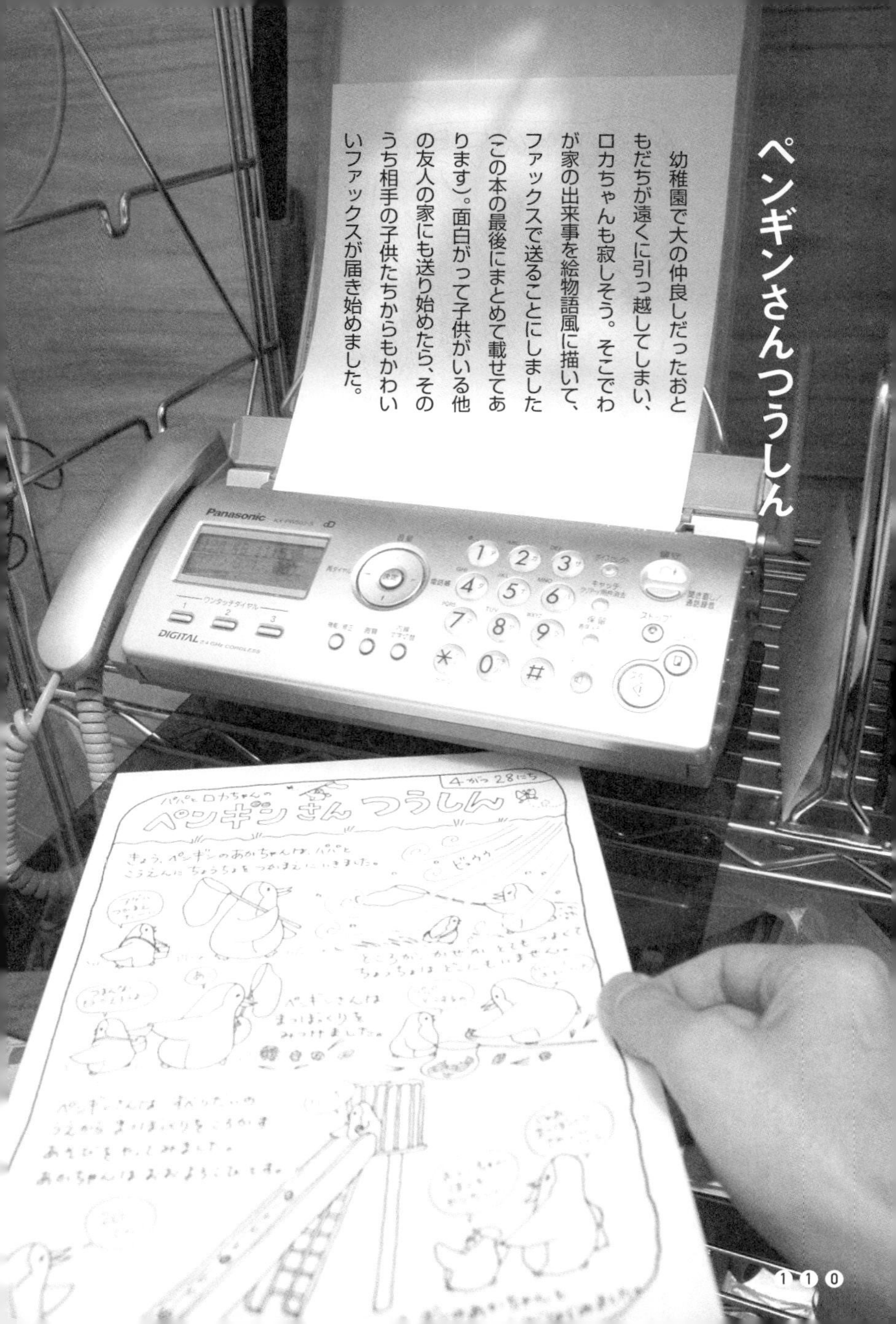

子供たちが送ってくれたファックスです。
子供たちの豊かな表現をまるごと伝えてくれるところは、ファックスも捨てたもんじゃありません。

あおぞらスタンプ

東急ハンズで、自分で作るスタンプのキットを見つけて、いろんな絵のスタンプを作ってみました。本当は紫外線を当てる専用の機械を買うのですが、それを使わずに太陽の光でもなんとか成功。ただし天気の良い日しか作れないので、あおぞらスタンプと名づけました。

ンさん
ん
ペンギンさんゆうびん
2005

エッセイ5

作ることは遊ぶこと

子供にとっては「作ること＝遊ぶこと」。ロカちゃんを見ていて、ハッと気がついた事実です。絵を描いたり工作したり、誰からも指図されなくても、本当に自然に「作ること」を遊びのひとつとして楽しみ、時には、何時間もずっと何かを作り続けている。たった5才にして、それだけの集中力を発揮しているわが娘の姿を見て、感心することが多々あります。

わが家には、幼稚園の同級生や、友人の子供など、ロカちゃんの同世代の子供たちがたくさん遊びに来るのですが、ちょっと僕やロカちゃんがお手本を見せると、本当にみんな楽しそうに何かを作り始めます。子供には、身体を動かしたり、おもちゃと遊ぶことと同じように、作ることが遊びのひとつなのです。

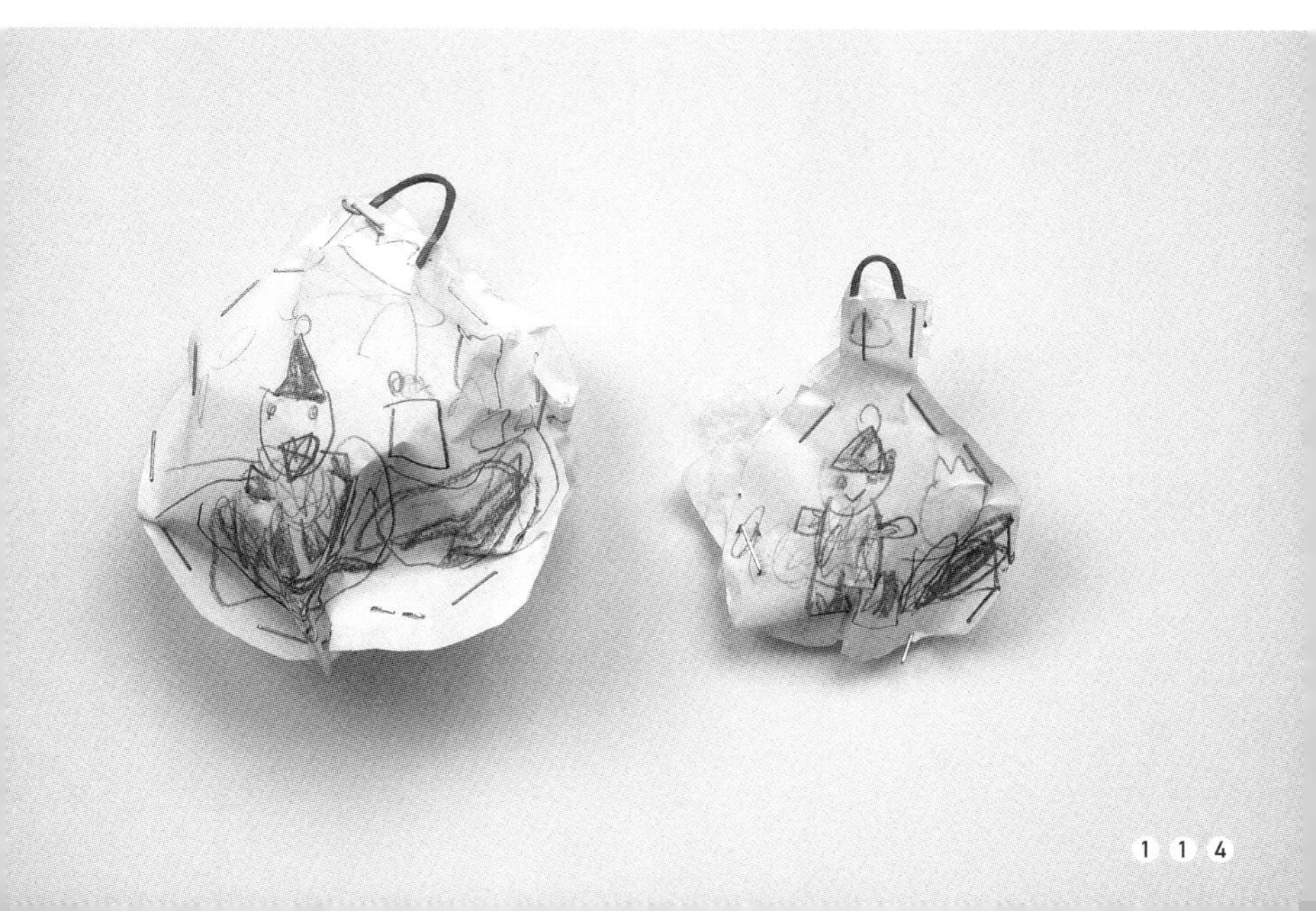

でも、それが小学校に入ると、絵に点数をつけられ、人と比較されて、だんだんと何かを作ることが苦手になってしまうのではないでしょうか。作ることだけではなくて、音楽でもスポーツでも、それぞれの子供がその子なりに楽しめればいいはずなのに、学校で強制的に学ぶようになると、うまくできない、人前で見せるのは恥ずかしい、と徐々に好きではなくなっていってしまいます。そうして大人になる頃には、作ることは必ずしも遊びや楽しみではなくなってしまうのです。

僕は、自分が何かを作り出すのが好きで、それを職業にしてしまった人間ですが、それでもロカちゃんほどに作ることを楽しんでいるのかな？と最近思い始めました。作ることが仕事になってしまったせいで、人にどう評価されるだろうか、完成度はどうか、と知らないうちにいろいろなことを気にして、心から楽しんではいなかったのかも、と反省しています。作ることを掛け値なしで楽しんでいるロカちゃんが、今の僕のお手本でもあるのです。

水色のカサ

白い丸の部分に絵を描ける子供用のカサを見つけたので、ロカちゃんと一緒に絵を描きました。

こんな風に自分たちで工夫ができる日用品がもっとあったらいいのになあ、と思います。

ペンギンマトリョーシカ

友人が、白木のマトリョーシカの手作りキットをプレゼントしてくれました。形がペンギンにぴったりだ！と気がついて、あっというまにペンギン親子マトリョーシカの出来上がり。

お正月とひなまつり

お正月の飾りとおひなさまを作りました。子供がいると、年中行事もしっかりやらなきゃ、という気になるから不思議なものです。でもそんな時にも自分たちなりの工夫をしてみたくなるのです。

女の子が生まれると、ひな人形をどうしようか悩みます。値段は高いし、場所もとるし……うちでは、今のところ粘土で作った小さなひな人形を毎年飾っています。簡単だけど、よそにはないもの、がわが家のモットーです。

アイロンビーズ

アイロンで熱をかけるとくっつくプラスチックのビーズが売られています。セットについてきた形を作るだけ、と最初は否定的に思っていたのですが、透明な台を使って、自分で描いた絵の上にビーズを並べていくと、パズル感覚でなかなかのものが出来ることがわかりました。僕まで夢中です。

うちのかるた

５才になって、だんだんとロカちゃんは字を読んだり書いたりできるようになってきました。まだたどたどしいのですが、本人は読めることがすごくうれしいらしく、何でも声に出して読もうとします。そこで、ひらがなの練習もかねて、オリジナルのかるたを作ることにしました。昔からある遊びは、実は子供の成長を考えて作られているんですね。

雪の日

東京に珍しく大雪が降りました。あたり全部が真っ白で、まるで雪国のようです。すぐにふたりで近くの公園に飛び出して行きました。こんな時にも、木の枝や葉っぱを使ってちょっと他にない雪だるまを作るのが、わが家流です。

あいうえおの詩

谷川俊太郎さんの詩集を買ったら、最初の文字が「あいうえお」になっている詩が載っていました。面白いねーと読んでいるうちに、自分たちでも作りたくなりました。始めると、子供の意外な言葉の選び方に負けそうで、ロカちゃんが笑ってくれる言葉を探すのにこちらも必死です。

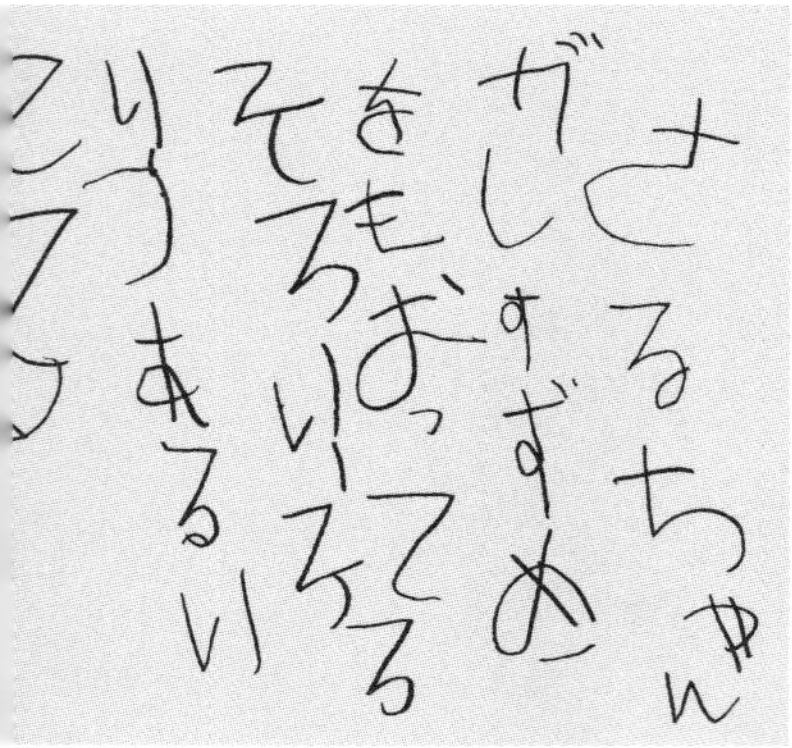

あーちゃんが
いそいで
うさぎの
えみちゃんを
おいかけた

さるちゃんが
しずかに
すずめを
せおってる
そろりそろりとあるいてる

からすが
きのうえ
くりすます
けーきを
こどもにかいました

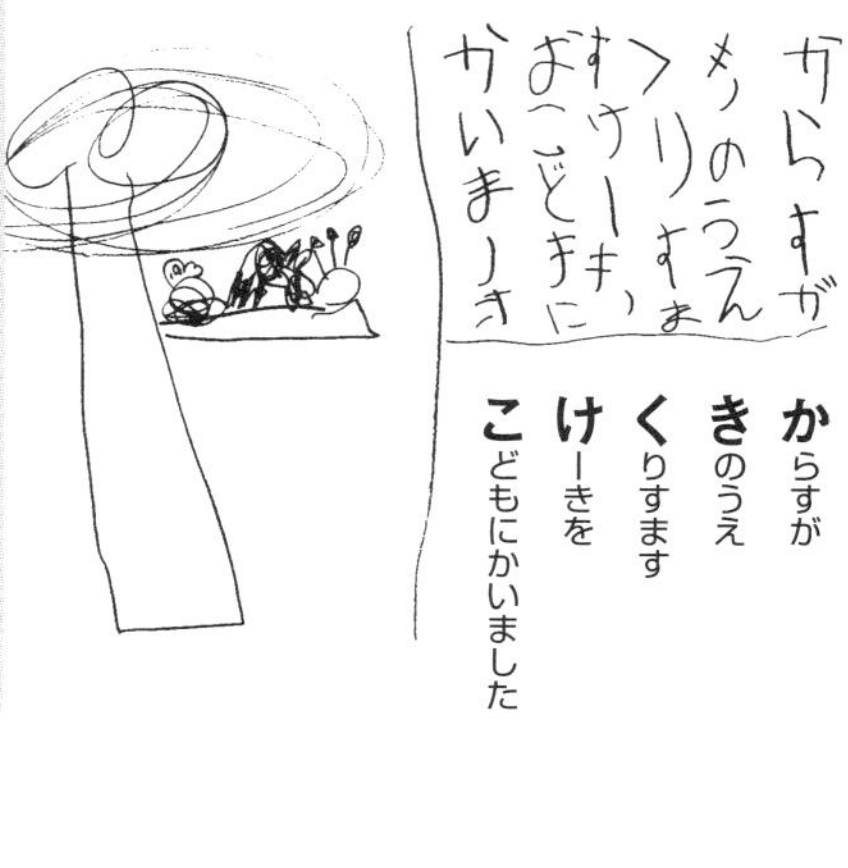

たからばこ
ちかくに
つばめ
てで
とばされた

なんだろう
にかいに
ぬりえ
ねこちゃん
の

やかん
ゆげがでた
よ

はがぬけた
ひよこがひろって
ふうせんにつけた
へやのまどから
ほしへとんでった

らいおんと
りす
るんるんおどる
れんしゅうしましょ
ろかちゃんと

まっすぐな
みみ
むこうをみている
め
もりのなか

わんちゃんないてる
をー
ん

エッセイ⑥

両親がくれた宝物

「ロカちゃんは、パパにそっくり!」としょっちゅう言われます。そんなに似てるかなー、と思っていましたが、自分の小さい頃のアルバムを見直したら、唖然とするくらいそっくりで苦笑してしまいました。おまけに最近は、顔や体型だけでなく、性格まで似てる!とママによく言われます。

確かにロカちゃんを見ていると、自分の子供時代のことをたくさん思い出します。子供を育てることは、人生をもう一度やり直すこと、と聞いたことがありますが、まさにその通り。ああ、小さい頃は僕もこんなだった——そうか! 今の自分の性格はこんな小さい頃から出来上がっていたんだ、と自分の原点を確認する作業の連続です。

僕の生まれ故郷は、愛知県の吉良町、という田舎町。4人姉

弟の末っ子長男です。上3人が女だったので、次は男が生まれるように、母が隣町の産院までわざわざ行って僕を産んだ、という微笑ましいエピソードも残っています。唯一の男の子ということで大事にされたのか、はしかとか、おたふく風邪とか、子供の頃にかかるべき病気を全部素通りして大人になってしまい困りました。

小さい頃の僕はとても内気で人見知り。1年だけ通った保育園も、病気でもないのに休みがちでした。体が大きい割に内向的で、よくひとりで部屋の隅にたたずんでいるのを「大きなお人形さん!」とからかわれたからです。その頃の保育園の記憶は、いじめられたことや、お昼寝の時間におもらしをしたこと、母親に無理やり頼んでずる休みをしたことなど、いやな思い出ばかりです。

そんな中で、今でもはっきり覚えているうれしい出来事があります。5才の誕生日の朝、目が覚めたら枕元に「昆虫の図鑑」が置いてあったのです。飛び上がって喜びました。今と

違って、テレビもなく、本もあまり買ってもらえなかった時代、大判でカラーのイラストが満載の図鑑は、本当にうれしいプレゼントでした。それからことあるごとに図鑑をねだり、わが家の誰よりも動植物に詳しくなりました。自分で絵を描くようになったのもこの頃からです。保育園のお絵かきの時間に、まわりの男の子はみんな車や電車の絵を描いているのに、僕は大きなカタツムリを描いていました。その頃の絵はほとんど残っていませんが、唯一、引き出しに描いた落書きが残っています。なぜか足の生えた魚ばかり描いてあります。引き出しだったから捨てられずに済んだんですね。

その後、やはり親が買ってくれて夢中になって読んだ本に理科学習漫画があります。宇宙や気象、人体や植物、機械や物理などの基本を、１冊ずつ楽しい漫画で読めるというもの。学習漫画の最初のシリーズではないでしょうか。今見てもとても愛らしい素敵な絵で、内容も思った以上に専門的で驚かされます。とにかくこの理科学習漫画が大好きになって、ボ

ロボロになるまで読み込みました。その頃、家の縁側の端にあった押入れが僕の基地だったのですが、そこでこうした本を薄暗くなるまでずっと読んでいたせいで、すっかり目が悪くなり、小学校1年生の後半にはメガネを作るはめになってしまったほどです。

図鑑や学習漫画の影響で、科学好きになり始めた頃、それをさらに爆発させる大イベントがありました。1970年の大阪万博です。当時小学校2年生だった僕は、ガイドブックをひたすら研究し、すぐ上の姉と父母の4人で日帰りで大阪まで出かけました。僕のわがままで、大人気のアメリカ館とソ連館にそれぞれ何時間も並んで、しっかりお目当てのアポロ月着陸船や月の石を見たのでした。前年のアポロの月面からのテレビ生中継とともに、忘れられない思い出です。

その頃、父は電力会社に勤める技術者でした。若いうちは電柱に登る現場の仕事をしていたせいで、数万ボルトの電線も触れる分厚いゴム手袋やいろいろな工具が家に置いてあり

ました。そして車で出かけると、「あの6万ボルトの鉄塔の下を右に曲がって……」などと、必ず電気の鉄塔を目印にしていました。

毎週、週末は父のバイクの後ろにつけた大きな竹カゴの中にすっぽり入って、海へ山へと遊びに行きました。海では魚釣りの真似事をするのですが、父は釣りの道具は一切持っていかずに、岩の間にからまった釣り糸やおもり、針を探して、それを海岸に落ちていた棒切れにつけ、貝を割って取り出した身をエサに魚を釣ります。どこに行ってもそんな調子で、そこに落ちていたゴミ同然の何かや自然のものが道具や材料になって遊びが始まりました。

こんな風に、僕の両親は幼い僕をいろいろな形で刺激してくれたのですが、とりわけ僕の人生に影響を与えた出来事があります。小学校3、4年生の頃でしょうか。ある日突然、母親が「もうおもちゃは買ってあげません！」と宣言したのです。僕はガーンとショックを受けたのですが、「その代わり、

欲しかったら自分で作りなさい」と、母は工作の本や材料、道具を用意してくれました。そして、父も週末にはおもちゃ作りを応援してくれました。僕が作りたいと言ったものが難しいものであれば、加工の手助けをしてくれ、なかなか手に入らない材料があれば、何軒も一緒に店を回ってくれました。

自分で工夫して作ったおもちゃがうまく動き出した時の喜びは格別です。ものづくりの楽しさを知ったのはその頃です。その時の自分でおもちゃを作る楽しさが、その後大人になってアーティストを目指した僕の原点にあります。世の中のすべてのものは、買わなくたって工夫すれば自分で作り出すことができる。欲しければ自分で作ればいい。自分で作れば、世界でたったひとつの大事なものになる。今になってわかる、両親が教えてくれた宝物です。

それから何十年も経って、僕自身に子供ができました。ロカちゃんです。この本の最初に書いたように、初めのうちは自分がどう子供と付き合えばよいのかわからなかったのです

が、ロカちゃんの成長を見ているうちに、僕は自分の親がしてくれたように、ロカちゃんにも、ものを作ることの楽しさを伝えてあげたいな、と思い始めました。昔と違って、今はものがあふれている時代。おもちゃや遊び道具なんて自分で作らなくても、いくらでも安く売っています。でも、実際見てみると本当に子供に買ってあげたいおもちゃはあまりありません。今のおもちゃは見た目は洗練されているけれど、自分が子供の頃に触った紙や木などのやさしさや暖かさはどこか足りないのです。それに、昔のように買ったものを大事にずっと使う、工夫して使う、壊れたものは直して使う、といったことが世の中全体でおろそかになっているのも気になります。そして、この本に紹介したような、いろいろなおもちゃや遊びを、ロカちゃんと一緒に考え、作ることを始めました。

最初に「リベットくん」を作り始めた頃、びっくりしたことがあります。それまでいくら言っても静かにしなかったロカちゃんが、信じられないくらいにジッと「リベットくん」を作

る僕の手元を見つめているのです。何が起きるのかワクワクしながら見てくれている。そのことだけで、ものすごく感激しました。出来上がったおもちゃ以上に、それを作る過程が子供を惹きつける。まさしく、僕が子供の頃に知った「作る喜び」です。子供が夢中になれることは、まだまだ身の回りにたくさんあるはず、と確信しました。それからというもの、ロカちゃんと一緒に絵を描いたり、おもちゃを作ったりして過ごす時間は、僕にとって他のどんな時間よりも大切なものに変わっていきました。

さらに発見したのは、ロカちゃんが喜ぶだけでなく、僕自身もすごく楽しく充実した時間を持てていることです。ロカちゃんとの遊びを通して、忘れかけていた自分の原体験、本当のものづくりの楽しさが身体の底から浮かび上がってくるのを感じました。今ようやく、自分の親が僕と過ごしてくれた、あの懐かしい時間がなんだったのか、本当の意味でわかってきた気がします。

エッセイ 7

父からの手紙

以前、僕の父がロカちゃんのために描いた絵のカードがあります。僕がロカちゃんにいろいろと作っているのを見て刺激されたのか、父がわが家に遊びに来た時、持ってきたのがこのカードです。カードには、僕が小さい頃、父から聞いたいろいろなお話が描かれていました。例えば「カッパ大王とナマズ大王」。僕も姉たちも、寝る前にせがんで何度も聞いた、懐かしい父の創作童話です。ある池に住むカッパ大王とナマズ大王が、食べ物がなくなって他の池に引っ越しをする、という話で、引っ越しの途中カッパ大王の頭のお皿が乾いてしまい、仕方がないので自分のおしっこをつけてしのぐ、というくだりがおかしくて、僕らは大笑いをして聞いたものでした。他には、クジラの母親が子供にエサの食べ方を教える話、きつねの親子が葉っぱを頭

に乗せて化ける話など。そうしたお話を今度はロカちゃんにも聞かせたい、と父は一生懸命ボール紙に絵を描いてきたのでした(父はめったに絵を描いたりしないので、僕はそれを見てびっくりしたものです)。

それから1年ほど経った12月のある日、この本を作るのに、引き出しの中にたまったロカちゃんの絵を整理している最中に、そのカードが見つかって、ロカちゃんが急におじいちゃんに手紙を書きたい！と言い出しました。ママと僕にもそれぞれ、おじいちゃんに何か言いたいことがあるか聞き、それも一緒に書いてくれたのが下の手紙です。読めないと思うので翻訳します。

「きらのおじいちゃんへ　わたしはとてもげんきです。わたしはいろんなことをしてます。ままからおしらせ。さむいのでげんきにしてください。パパからもおしらせがあります。2がつに　ろかちゃんのほんができます。どうぞまっててください。」

早速、切手を貼ってポストへ。ロカちゃんは、出したそばから

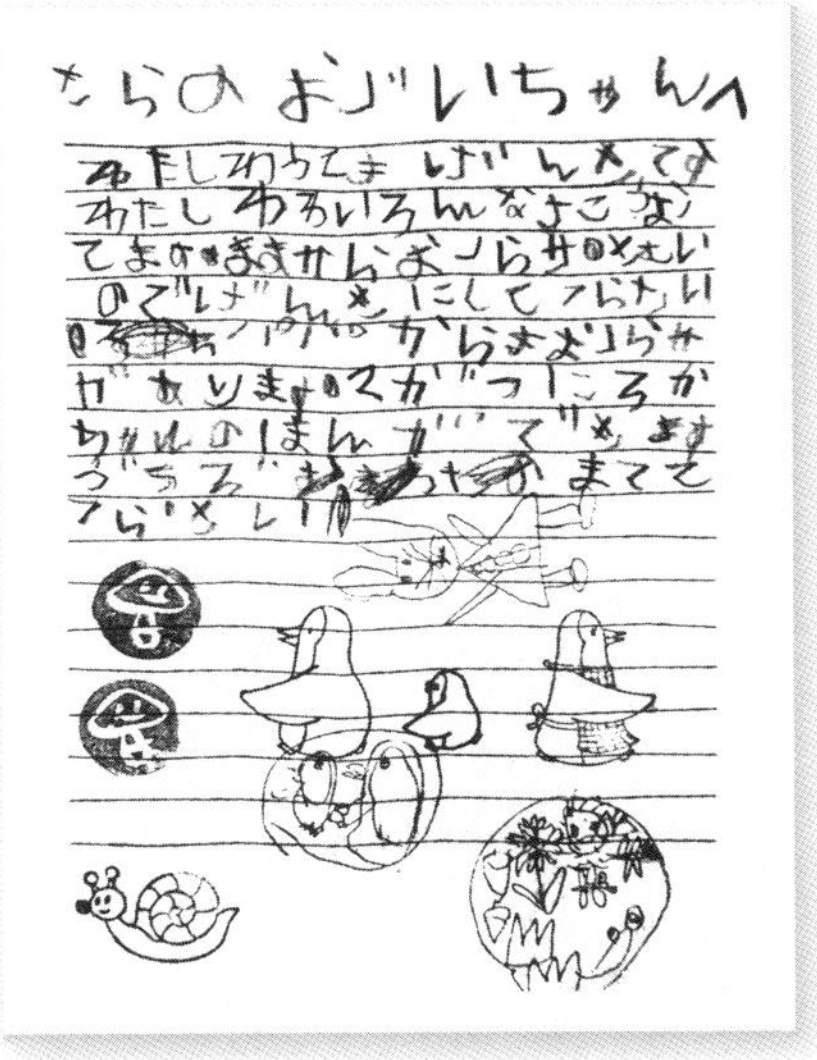

「早く返事が来ないかなー」とおじいちゃんの返事を楽しみに待っていました。

ところが数日後、実家の近くに住む姉から急に、朝、父が倒れた、と電話がかかってきました。父は持病がいくつかあったものの、いたって元気だったので、まったくもって寝耳に水。幼稚園に行っていたロカちゃんとママをすぐに呼び戻し、三人であわてて新幹線に乗り込んで、父が運ばれた病院へと向かいました。夕方、ようやく病室に辿り着くと、父はすでに意識不明。突然の多量の脳出血で、手術もままならないとのことです。「おじいちゃん、がんばってー!」くりかえし叫ぶロカちゃんの声もむなしく、1時間後、みんなに見守られながら、父は息を引き取りました。

それからは、父の遺体を実家に運んだり、お通夜や葬儀の準備、親戚や知り合いに連絡、と慌しい時間だけが過ぎていきました。できればもっと長生きして欲しかったのですが、ある意味、誰にも迷惑をかけない、本当に父らしいさっぱりとした最

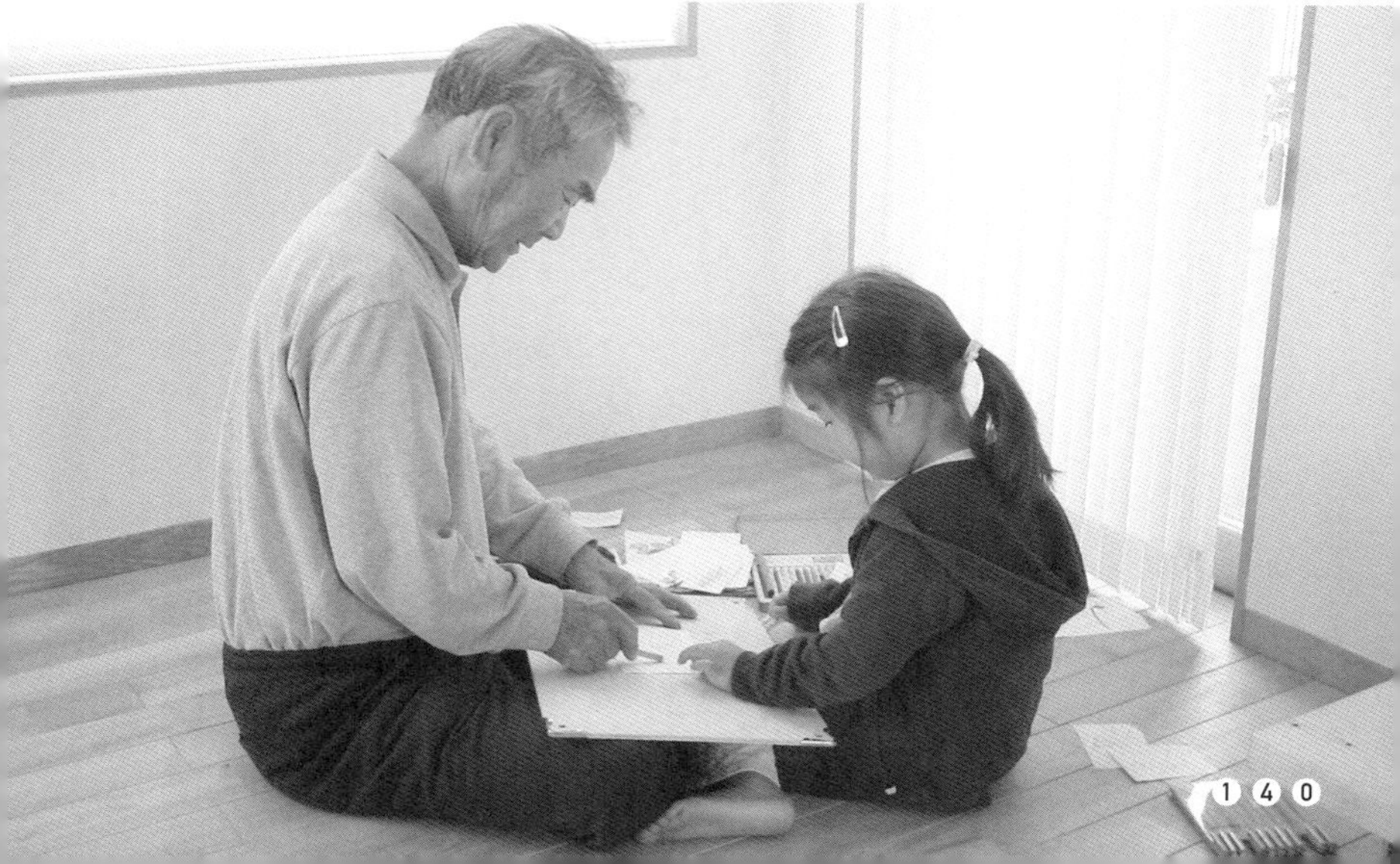

期でもありました。

　葬儀も済んで5日目、東京の家に戻り、郵便受けにぎっしりと溜まった新聞や手紙を整理している時、1枚のそっけないハガキが出てきました。そのハガキの見慣れた字を見て、あっ！と思わず叫んでしまいました。それは、父からの手紙だったのです。

「うれしい、うれしい、ろかちゃんから　おてがみがきた　いっぱいかいてあった　ろかちゃんもパパも、ままも、みんなげんきがわかった　うれしかった　きらのじいちゃんも　ばあちゃんも　げんきにしているよ　さむくても　がんばっているよ　ろかちゃんのほんが　2がつにできたら　みたいなよみたいな　えがいっぱいかいてあるかな　おてがみありがとう」

　まるで、父の書いた手紙が、天国からはるばる届いたかのようでした。それまでぐっとこらえていた緊張の糸が切れ、僕は大声を上げて泣いてしまいました。

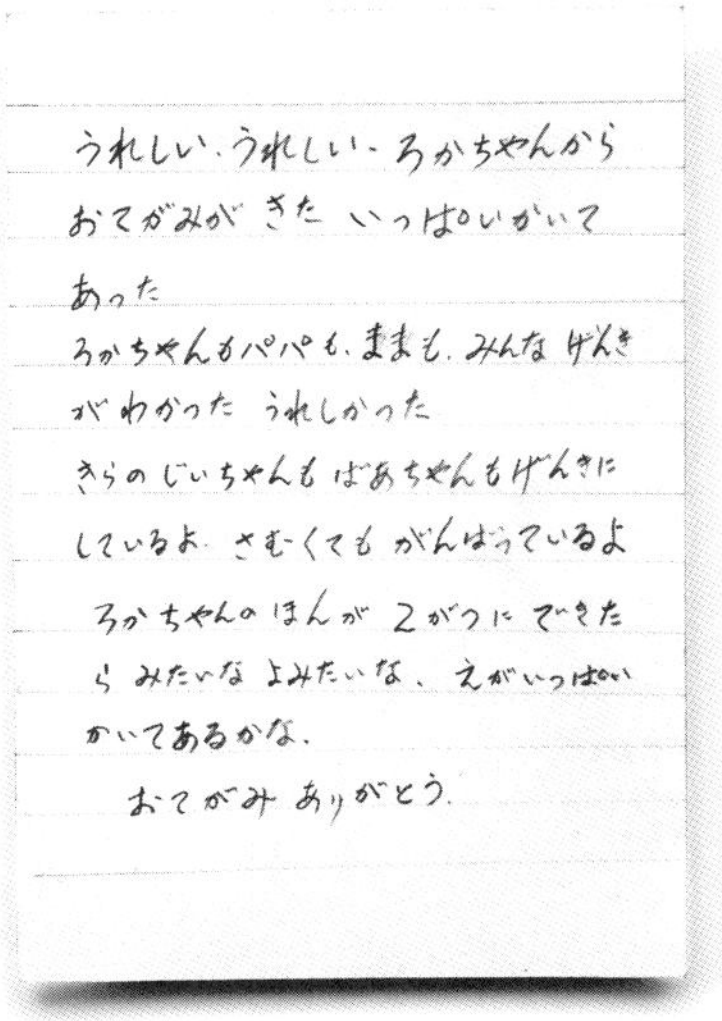
うれしい、うれしい、ろかちゃんから
おてがみが きた いっぱいかいて
あった
ろかちゃんもパパも、ままも、みんな げんき
が わかった うれしかった
きらの じいちゃんも ばあちゃんもげんきに
しているよ さむくても がんばっているよ
ろかちゃんの ほんが 2がつに できた
ら みたいな よみたいな、えがいっぱい
かいてあるかな。
おてがみ ありがとう。

おわりに

この本は、いわばわが家の思い出のアルバムみたいなものです。この本に掲載した写真やおもちゃを見ると、その時々のロカちゃんの様子や、自分の気持ちが次々と思い出されます。

もともとこれらをどこかに発表するつもりはまったくありませんでした。でも、家に遊びに来た友人たちに見せるたび、これは本になるよ!とおだてられ、そのうち僕自身も、わが家の遊びが、もしかしたら誰かの子育ての参考になるかも、と思い始めたのでした。

でも、うちのようなやり方をみなさんに押し付けるつもりはまったくありません。僕は、自分自身が元々絵を描いたり、工作をしたりが好きで、こんな風にロカちゃんと遊んできましたが、例えばスポーツやアウトドアの遊びは苦手で、あまりできていません。親がスポーツを熱心にやっている家庭なら、自然に子供も運動好きになっていくように、わが家では、それがたまたま「ものづくり」だったのです。

大事なことは、親が子供とできるだけ濃密な時間を共有することではないでしょうか。今、子供や若者の心の問題がいろいろニュースになっています。親とじっくりと向き合う、幸福な時間を過ごした子供が減っているのではないかな、と心配になります。

わが家もいつも手探り状態ではありますが、これからも親子一緒にできるだけ楽しい時間を共有していきたいな、と思っています。

この本を作るにあたり、紀伊國屋書店出版部の藤﨑さん、デザイナーの内田さんには本当にお世話になりました。おふたりとも、僕と同じく小さなお子さんがいる同志です。また、この本に登場していただいた方たちや、「光のヴァイオリン」に協力してくださった武蔵野相愛幼稚園の先生方、ヴァイオリニストの黒田琴子さん、そしていつもロカちゃんと遊んでくれた黒田さんちの絢子ちゃん、統子ちゃん、啓行くん、ありがとう。

そして誰よりも、僕を育ててくれた父・博と母・郁代にこの本を捧げたいと思います。この本が完成したらまっ先に見せたかった父は、残念ながら直前になって他界してしまいましたが、たぶん天国で喜んでくれていることでしょう。

最後にもちろん「いわいさんち」のメンバーであり、ずっと応援してくれた、僕の奥さんの栄と娘のロカちゃんに、最大の感謝の気持ちを捧げます。ありがとう！

三鷹市井の頭の自宅にて

岩井俊雄

2005年12月

◎著者	岩井俊雄
◎いわいさんちの家族	岩井栄・蕗花
◎撮影	岩井俊雄・栄
◎装丁・本文デザイン	内田雅之（VOLTAGE）
◎編集	藤﨑寛之

いわいさんちへようこそ！

2006年2月27日　第1刷発行
2011年10月5日　第5刷発行

発行所
株式会社 紀伊國屋書店
東京都新宿区新宿 3-17-7

出版部（編集）TEL 03-6910-0508
ホールセール部（営業）TEL 03-6910-0519
〒153-8504　東京都目黒区下目黒3-7-10

印刷・製本　中央精版印刷

ISBN978-4-314-01000-9 C0077
Printed in Japan
定価は外装に表示してあります。

パパとロカちゃんの

ペンギンさんつうしん

TOSHIO IWAI
+
ROKA IWAI

2005

4がつ19にち
パパとロカちゃんの
ペンギンさんつうしん
ペンギンさんのおうちのにわは
いま つぎつぎと チューリップが さいています。
まいにち ちがういろが さくの！
あか
きいろ
ピンク
ペンギンのママは
きのう ビワのなえぎを
おにわにうえかえました。
おおきく なってね！
キャー
それから おにわの おかたづけを していて びっくり！
とうみんしていた おおきなガマガエルが かれはのしたに
いたのでした！
ちょっと きもちわるい…
またねー
ゲコ
イボイボが ダメなのー
ペンギンさんはかわのちかくに
ガマガエルをにがしてあげました。

ようちえんの
「じゅうたんかいだん」で
かたつむりのおかあさんたちが
こどもたちを まっています。
こどもたちは、まだ おえかきに
むちゅうです。

パパとロカちゃんの
ペンギンさんつうしん
4がつ22にち
ペンギンのあかちゃんは、いま およぎをならっているところです。
きょうは、すいえいきょうしつのテストでした。
スイーーーッ
1,2,3,4…
プールのはしから…. 5びょうかん「せうき」をして…
バシャ
プハーッ
よくできました!
ブクブク
プールにもぐって…そこをけって、そとでプハーーッ!
テストにはみごとごうかく!
わーい あかぼうし!
よかったねー!
ピンクぼうしからねんがんのあかぼうしになりました!
そしてまえからほしかった、すいちゅうメガネをかってもらいました。

パパとロカちゃんの
ペンギンさんつうしん
4がつ24にち
きょうは にちようびです。にちようびの あさの 9じから 11じは おうちの ひとと いっしょに すいえいきょうしつの プールに はいれる じかんです。ペンギンの パパは、はじめて あかちゃんと いっしょに プールに いくことに しました。
ワーイ
いい てんき!
ぼうしと メガネ かして くださいッ
ロッカーの カギ
はい 105えん です
あかちゃんは、あかぼうしと あたらしい メガネを さっそく つけました。
シャ
ハイ、てを はなすよー
ダメーッ
およいだり、もぐったり パパと いっしょに たっぷり プールで あそびました。
そして ママに ないしょで アイスも かってもらいました。
スーッ
そのころ ママは、というと… たいきょくけんを ならいに いっていたのでした。

パパとロカちゃんの

ツムコちゃん つうしん

4がつ
24にち
にちようび

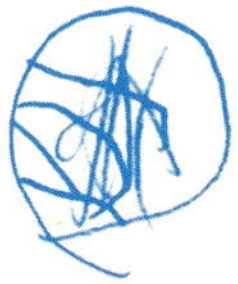

ペンギンさんたちも
ツムコちゃんも
みんな アイスクリームをかいました。
ペンギンのパパの アイスクリームは
とびきり おおきくて
ツムコちゃんも びっくり、です。

パパとロカちゃんの
ペンギンさんつうしん
4がつ28にち
きょう、ペンギンのあかちゃんは、パパと
こうえんにちょうちょをつかまえにいきました。
アゲハ
つかまえ
たーい
ビュウウ〜
ところが、かぜがとてもつよくて
ちょうちょはどこにもいません。
つまんない
もうかえろうよー
あ!
ペンギンさんは
まつぼっくりを
みつけました。
パパ
どうするの
いいこと
おもいついた
ペンギンさんは、すべりだいの
うえからまつぼっくりをころがす
あそびをやってみました。
あかちゃんはおおよろこびです。
ワーイ!
20
てん!
じゃあ
まつぼっくり
さがしに
いこう
おじいちゃん
ぼくも
やりたーい
そのうち、ほかのペンギンのあかちゃんと
おじいさんがやってきて、まねしてあそびはじめました。

ペンギンのあかちゃんは、パパといっしょに
こうえんにあそびにいきました。すべりだいのうえから
まつぼっくりを ころがして あそびました。
なるべく とおくに ころがしたくて、あかちゃんは すべりだいの うえに
あしを ひっかけて さかさまになって やっているうちに、ずるずる すべってしまいました。

パパとロカちゃんの

ペンギンさんつうしん

4がつ 29にち

ペンギンのパパとママは じてんしゃで
おにわに うえる やさいの なえを かいに いきました。

あそこだよ!
なつやさいなえものいち
やさいのなえ
たいひ

おみせには、みどりいろの ぼうしを かぶった こどもたちが、
せんせいと いっしょに ようちえんで そだてる なえを かいに きていました。

さあ、きょうは なにを かいましょうー
スイカ!
トマト!
キュウリ!
カボチャ!
ナス!

パパとママが なえを えらんで
レジに もっていくと…

うぐいす?
うぐいす 2コ
ねずみ 1コ
そら 1コ
はい、うぐいす2ね
ねずみに そら、と

なえの いれものの
いろで、ねだんが
きまっていたのでした。

うぐいすいろ
ねずみいろ
そらいろ

パパとロカちゃんの

ペンギンさんつうしん

4がつ30にち

ペンギンのパパとママは いろんなやさいの なえをかってきました。

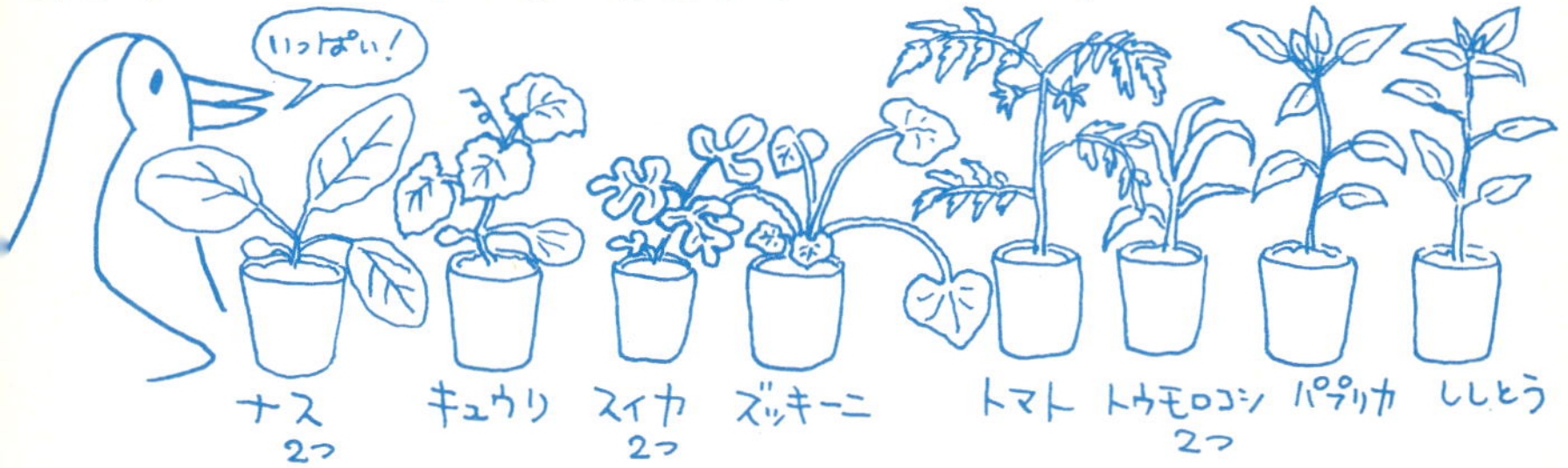
いっぱい!
ナス 2つ
キュウリ
スイカ 2つ
ズッキーニ
トマト
トウモロコシ 2つ
パプリカ
ししとう

でも、こんなに たくさんの やさいを うえるのに はたけが たりません。

パパとママは、おうちの うらの にわに あたらしく はたけを つくることに しました。

あついね!
かんじゅく たいひ
こっちのにわも はたけに しちゃおう
たくさん うえられて たのしいわね!
あたらしく かってもらった スコップ

さいしょは ちょっとだけ はたけに するつもりが、やっているうちに にわのほとんどが はたけに なってしまいました。

やったね!
まえにうえた びわの なえぎ
パプリカ ししとう
ナス
トウモロコシ
ズッキーニ、スイカ キュウリ、トマト

パパとロカちゃんの

ペンギンさんつうしん

5がつ 1にち

きょう、ペンギンのパパは、じてんしゃで ちょっと とおくの こうえんに いこう、と いいだしました。

みんなで サイクリングに いこう！

でも、きのうの はたけづくりで ママは ちょっと つかれぎみです。

おでかけ ガイド
おんせん いきたーい！

それでも ほんを しらべたら、なんと その こうえんの ちかくに おんせんが あるのを みつけました。

おまけに、まわりには おいしい おそばやさんが たくさん あります。ママは がぜん いくきに なりました。

いくわよー！

じてんしゃを 30ぷんくらい とばして…… まずは おそばやさんに とうちゃく。

おいしい！
よかったね〜

とても おいしい おそばと ほりたての たけのこの てんぷらを たべました。

グー
スヤスヤ

そして ねんがんの おんせんへ！ ろてんぶろが とても きもちよかったです。

おんせんに はいったあとは、ひるまで みんなで ごろねを しました。

カサ もってないよ

よるに なって かえろうと したら、そとは あめでした。

おみせで おおきな ビニールぶくろを もらって あかちゃんは それを きて かえりました。

パパとロカちゃんの

ペンギンさんつうしん

5がつ 2にち

きょう ペンギンさんたちは、おじいちゃん、おばあちゃんの いえに いって おとまりを することに なりました。

ガタゴトン

でんしゃを 3つも のりついで、ようやく おじいちゃんちの ちかくの えきに つきました。

おばちゃーん
あかちゃん ひさしぶりー

えきには、おばちゃんが むかえにきてくれていました。

こんにちわー
ワンワン
いらっしゃーい
おう、よくきたね

おじいちゃんの いえに つくと、ものおとを ききつけて、まっさきに おじいちゃんの かっている いぬの「らも」が とびだしてきました。

トントン

おじいちゃんは うでのいい だいくさんです。

グツグツ

おばあちゃんは とても おいしい ごはんを つくってくれます。

カタカタ カタカタ

おばちゃんは おようふくを つくるのが だいとくい。

クウ〜ン

らもは、いつも ごろごろしている ろうけん（15さい）です。

あと、おじちゃんも いるのですが、おでかけしていて いませんでした。

パパとロカちゃんの
ペンギンさんつうしん
5がつ 3にち
おじいちゃんの いえから じてんしゃで 20ぷんくらいのところに
おおきな おおきな みずうみが あります。きょうは そこに いってみました
おおきいねー!
わー なーにあれー
みずうみのむこうに
ぎんいろの そらとぶえんばんの
ようなものが うかんでいます!
ちかづいてみると
そこは、ゆうえんちと
やきゅうじょう
でした。
ウィーン
おおきい!
すごーい
はいりたーい
きょうりゅう たんけんかん
パパとあかちゃんは
きょうりゅうたんけんかんに
はいることにしました。
はいってみると
なかは まっくら…
あかちゃんは
だいじょうぶ!
こわいよ〜!
なきだしました。
でも、おそるおそる
めをあけてみると…
シーッ
あーっ みえない いとが みえるー
ガオー
パタパタ
だめーっ
もういっかい はいりたいよー
タマゴかわいいー
スーッ
すっかり きょうりゅうが
きにいった あかちゃん
でした。

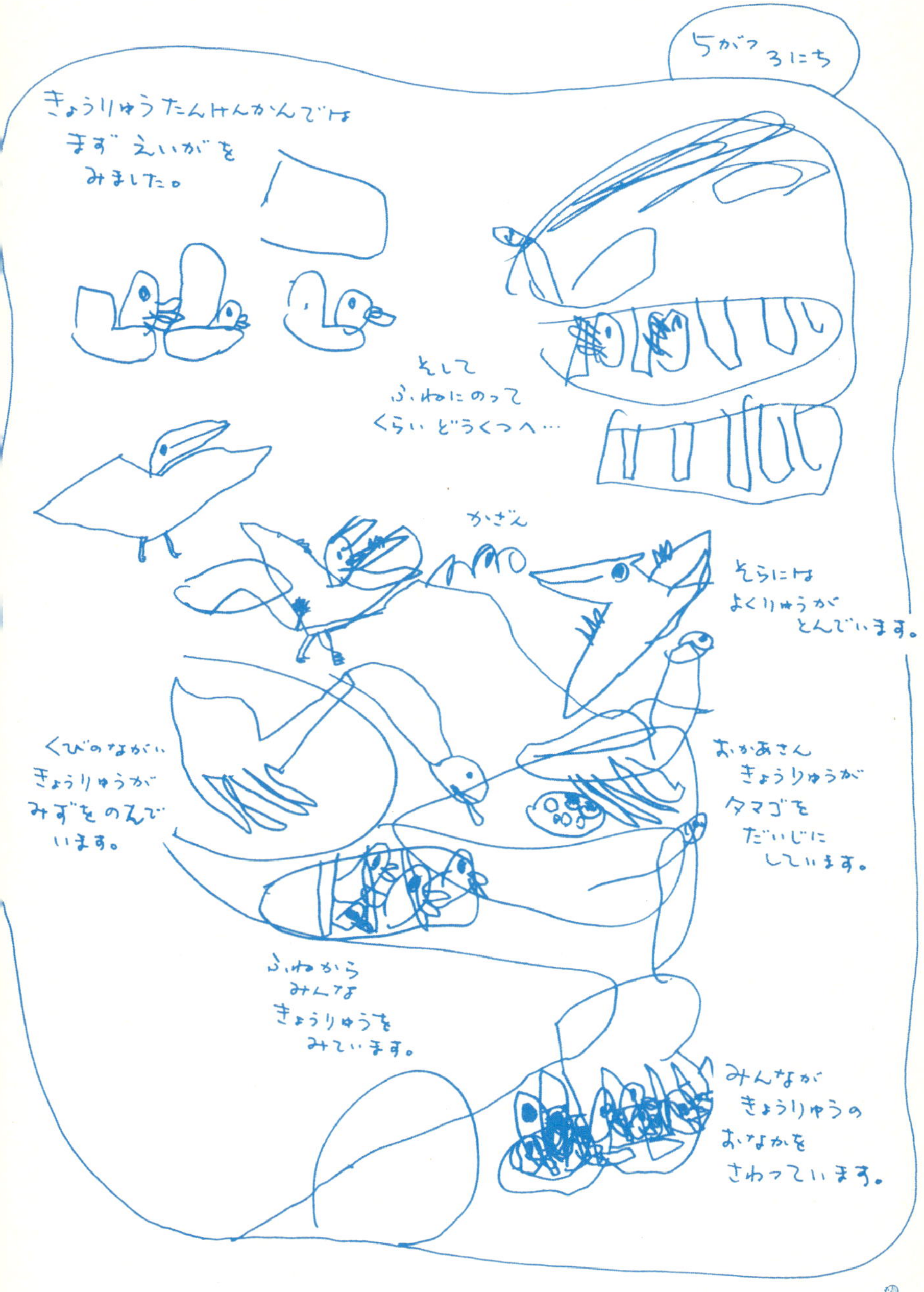
5がつ 3にち
きょうりゅうたんけんかんでは
まず えいがを
みました。
そして
ふねにのって
くらい どうくつへ…
かざん
そらには
よくりゅうが
とんでいます。
くびのながい
きょうりゅうが
みずをのんで
います。
おかあさん
きょうりゅうが
タマゴを
だいじに
しています。
ふねから
みんな
きょうりゅうを
みています。
みんなが
きょうりゅうの
おなかを
さわっています。

◎ここからは、本文110ページでご紹介した「ペンギンさんつうしん」をまとめて付録として載せています。
友人の子供たち宛に、ファックスで送っていたものの縮小版です。一番最後のページからお楽しみください。